21세기 한국 영화의 중국 진출과 발전

21세기 한국 영화의 중국 진출과 발전

초판 인쇄 2024년 1월 05일
초판 발행 2024년 1월 10일

지은이 진묵(陈默) · 안병삼
펴낸이 이찬규
펴낸곳 북코리아
등록번호 제03-01240호
주소 13209 경기도 성남시 중원구 사기막골로 45번길 14
우림라이온스밸리2차 A동 1007호
전화 02-704-7840
팩스 02-704-7848
이메일 ibookorea@naver.com
홈페이지 www.북코리아.kr
ISBN 978-89-6324-532-4 (93680)

값 17,000원

21세기 한국 영화의 중국 진출과 발전

진묵(陈默) · 안병삼 공저

북코리아

서문

K-문화가 전 세계를 휩쓸고 있는 지금 오직 중국에서만 예외인 것 같아 아쉽다. 한한령(限韓令)이 보이지 않게 존재하는 현재 상황에서 중국 내 K-문화는 좀처럼 기지개를 펴지 못하고 있다. 실제로 한국 영화가 중국에서 개봉되는 것도 매우 힘들고, 설사 중국 영화관에서 개봉된다 하더라도 중국 관객의 호응을 받을지도 미지수이다. 이러한 어려움은 중국 영화 수입제도, 엄격한 검열, 애국주의 등 다양한 원인도 있다. 하지만 한국과 중국은 이미 과거 역사적으로 수많은 세월 동안 많은 문화적 교류를 해 온 이웃 국가이다. 특히 2000년대를 전후로 한류의 붐이 일어난 것도 중국이었고, 이에 따라 수많은 한류 스타들이 중국에서 활발한 활동을 하기도 했다. 이를 기반으로 영화계에서도 한국 영화의 중국 진출이 활발하게 진행되었고, 한국 영화에 중국 배우가 출현하기도 하였고, 반대로 중국 영화에서 한국 배우가 다수 출현하기도 하는 등 다양한 방식의 협력이 이루어졌다. 이러한 수많은 K-문화의 교류를 통해 한국인과 중국인은 문화적으로 풍성하고 다양한 경험을 하였고, 서로를 이해하는 좋은 계기가 되었다.

본서는 진묵의 대학원 박사학위논문 『21세기(2000-2020) 한국 영화의 중국 전파에 관한 연구』를 정리 · 보강한 것이다. 책의 구성을 살펴보면, 1장은 서론과 선행 연구 내용이다. 2장은 한국 영화의 중국 시장 진출 현황이다. 주로 2000~2020년, 즉 최근 20년간 한국 영화의 중국 진출 현황에 대해 체계적이고 객관적으로 살펴보고, '한국 영화의 중국 시장 진출 역사 과정'을 고찰하고자 한다. 3장은 진출 매체에 대한 분석이다. 한국 영화의 중국 시장 진출 주요 매체인 영화관, 텔레비전, 인터넷 등의 각종 매체의 특징을 분석하고자 한다. 언론 미디어 환경과 미디어 기술 간의 관계를 중요시하였다. 또한 중국 미디어 기술의 변화가 한국 영화의 중국 진출에 끼치는 영향을 분석하려고 한다. 4장과 5장은 중국에 진출한 한국 영화와 중국에서 활동한 한국 감독에 대한 연구이다. 주로 중국에서 리메이크된 한국 영화와 중국의 저명한 감독을 대상으로 하여 분석하였다. 영국 문화 학파 Stuart Hall의 이론을 통하여 한국 영화와 감독의 문화 가치와 내용에 대하여 한국과 중국을 비교하고자 한다. 6장은 중국 관객의 한국 영화에 대한 수용을 고찰하고자 한다. 이것은 언론학에서 말하는 to whom(누구에게)에 대한 분석이다. 언론 경험 학파 대표인 Paul Lazarsfeld와 Lasswell의 전파 효과 이론과 심리 연구 이론을 통하여 한국 영화의 중국 관객의 수용 효과를 분석하였다.

한국과 중국은 역사적으로 끊임없이 문화적 교류가 이루어지고 있는 이웃 국가이다. 어떠한 외부적 요인의 어려움이 있다고 하더라도 양국의 문화적 교류는 계속되어야 한다. 이것이 한국과 중국 어느 한 국가만의 이익이 아닌 양국의 문화 발전에 상호 도움이 되기 때문이다. 그날이 오면 한중 양국의 국민들은 문화적으로 더욱 풍부한 경험을 하게 될 것이다. 앞으로 그날이 빨리 오기를 희망한다.

2024년 1월의 겨울 어느 날

진묵 · 안병삼

CONTENTS

서문 / 5

1장 서론 13

1. 연구 가치 13
   1) 현실적인 가치 …… 13
   2) 이론적 가치 …… 14

2. 연구 의의 및 목적 14

3. 연구 방법 15
   1) 연구 이론 …… 15
   2) 연구의 독창성 …… 16

4. 선행 연구 16
   1) 중국에서의 한국 영화 연구: CNKI 검색 결과 …… 17
   2) 한국에서의 중국 진출 한국 영화 연구 …… 22
   3) 연구의 부족한 점 …… 26

2장 한국 영화의 중국 진출 과정 29

1. 한류 전파 시대: 초창기(2000~2004) 30
   1) 한국 영화의 홍콩 전파 …… 32
   2) 홍콩을 통한 한국 영화의 중국 대륙 전파 …… 37
   3) 변화원인 분석 …… 41

2. 합작 시대: 합작기(2005~2015) 42
1) 합작 영화 상황 …… 43
2) 영화 전시회 상황 …… 49

3. 한한령 시대: 침체기(2017~2020) 54
1) 한국 영화 진출의 변화 …… 54
2) 한한령 이후 한국 영화의 중국 전파 감소 원인 …… 57

3장 중국에서의 한국 영화의 주요 미디어 플랫폼 61

1. 중국 영화관을 통한 한국 영화의 진출 현황 62
1) 영화관 상영 현황 …… 62
2) 영화관 상영 특징 …… 66
3) 영화관 상영 환경 …… 68

2. 텔레비전 상영 한국 영화의 현황 분석 71
1) 텔레비전 방영 현황 …… 71
2) 텔레비전 플랫폼의 전파 특징 …… 76

3. 온라인 플랫폼을 통한 한국 영화의 중국 진출 현황 78
1) 영상 사이트의 한국 영화 현황 …… 79
2) 영상 사이트의 진출 특징 …… 83

4. 불법 사이트를 통한 한국 영화의 중국 진출 현황 85
1) 불법 사이트를 통하여 전파한 한국 영화의 현황 …… 86
2) 불법 사이트를 통한 전파 방식의 특징 …… 877

4장 중국 진출 한국 영화의 주요 내용 분석: 중국에서 리메이크된 영화를 대상으로 89

1. 중국 진출 한국 영화의 유형 분석 90
1) 수량 …… 90
2) 영화의 수준 …… 94
3) 한국 영화의 중국 리메이크판 정리 …… 97

2. 로맨스 장르에 대한 중국 리메이크와 한국 원작 비교 100
1) 영상 스타일 ………… 100
2) 서사 내용 ………… 101
3) 사랑에 대한 관념 ………… 102

3. 중국에서 리메이크된 한국 범죄 유형 영화 현황 분석 104
1) 등장 화면 ………… 105
2) 사회 배경 ………… 106
3) 주제 비판 ………… 107

4. 중국의 리메이크와 한국 코미디 영화의 비교 109
1) 코미디 효과 ………… 110
2) 코미디의 풍자 효과 ………… 111

5장 한국 대표 감독 사례 분석 114

1. '여성 친구를 영화로 만든 감독' _ 곽재용 117
1) 중국 시장의 선구자 ………… 117
2) 곽재용 감독의 작품 특징 ………… 119

2. '공포물 영화를 만든 감독' _ 안병기 122
1) 아시아 공포영화의 대가 ………… 122
2) 안병기 감독의 작품 특징 ………… 123

3. '사랑를 노래하는 영화를 만든 감독' _ 허진호 127
1) 아시아 멜로 영화의 대가 ………… 127
2) 허진호 감독의 작품 특징 ………… 128

4. '흥행 기록의 영화를 만든 감독' _ 봉준호 130
1) 세계 상업 영화의 왕 ………… 130
2) 봉준호 감독의 작품 특징 ………… 133

6장 한국 영화 진출 효과 분석 136

1. 2000~2005년 중국 관객의 한국 영화에 대한 평점 분석 137
2. 2006~2010년 중국 관객의 한국 영화에 대한 평점 분석 142
3. 2011~2015년 중국 관객의 한국 영화에 대한 평점 분석 147
4. 2016~2020년 중국 관객의 한국 영화에 대한 평점 분석 152
5. 소결 156

7장 결론 158

참고문헌 ········ 165
찾아보기 ········ 169

표 차례

〈표 1〉 홍콩에서의 한국 영화 개봉 상황표 ······ 36
〈표 2〉 한중합작 영화표(2000~2004) ······ 44
〈표 3〉 한중 영화협정 이후 중국 대륙에서 개봉한 합작영화(2015, 2016) ······ 48
〈표 4〉 제1회 한중 국제영화제 수상자 명단 ······ 52
〈표 5〉 상영 불가한 한중 합작 영화 리스트 ······ 56
〈표 6〉 중국 영화관에서 개봉된 한국 영화 요약표(2000~2020) ······ 64
〈표 7〉 한국 영화의 중국 TV 방영 현황(2000~2020) ······ 73
〈표 8〉 불법 유포 주요 동영상 사이트 정리 ······ 92
〈표 9〉 한국 영화 순위 30(중국 Douban) ······ 95
〈표 10〉 가장 영향력이 있는 한국 영화 순위 20(중국 Sohu) ······ 96
〈표 11〉 한국 영화의 중국 리메이크 현황 ······ 98
〈표 12〉 중국과 공동으로 영화를 제작한 한국 감독 ······ 115
〈표 13〉 곽재용의 중국 협력 영화 ······ 119
〈표 14〉 곽재용의 중요 작품(여자친구 시리즈) ······ 119
〈표 15〉 봉준호 대표작 ······ 132
〈표 16〉 중국 중앙 TV에서 방영된 한국 영화(2000~2005) ······ 137
〈표 17〉 중국 영화관에서 상영한 한국 영화(2000~2005) ······ 137
〈표 18〉 화제작 진출(2000~2005) ······ 138
〈표 19〉 한국의 고수익 영화(2000~2005) ······ 139
〈표 20〉 중국 중앙 TV에서 방영된 한국 영화(2006~2010) ······ 142
〈표 21〉 중국 영화관에서 상영된 한국 영화(2006~2010) ······ 143
〈표 22〉 칸, 베를린 국제영화제 수상작(2006~2010) ······ 144
〈표 23〉 한국의 연간 고수익 영화(2006~2010) ······ 145
〈표 24〉 중국 영화관에서 상영된 한국 영화(2011~2015) ······ 147
〈표 25〉 중국 중앙 TV에서 방영된 한국 영화(2011~2015) ······ 148
〈표 26〉 베네치아, 베를린 영화제(2011~2015) ······ 149
〈표 27〉 한국의 연간 고수익 영화(2011~2015) ······ 150
〈표 28〉 중국 영화관에서 상영된 한국 영화(2016~2020) ······ 152
〈표 29〉 중국 TV에서 방영된 한국 영화(2016~2020) ······ 152
〈표 30〉 칸 영화제(2016~2020) ······ 153
〈표 31〉 한국의 연간 고수익 영화(2016~2020) ······ 154

그림 차례

〈그림 1〉 중국 영화 시장에서 중국 영화와 수입 영화 비교(2013~2019) ······ 67
〈그림 2〉 중국 영화관 수(2013~2019) ······ 69
〈그림 3〉 중국 영화 상영관 수 변화(2012~2020) ······ 70
〈그림 4〉 2020년 6월 중국 주요 비디오 사이트의 월간 활성 사용자 ······ 80
〈그림 5〉 2020년 6월 중국 주요 동영상 사이트의 월간 활성 사용자 ······ 80
〈그림 6〉 중국에서 발행된 '괴물' 포스터 ······ 132

1장

서론

1. 연구 가치

1) 현실적인 가치

본 연구의 현실적인 의미는 다음과 같은 몇 가지로 나눌 수 있다. 첫째, 한국 영화가 중국 시장에 진출할 필요성을 찾고자 한다. 2020년 이후 세계 영화 시장이 바뀌고 있는 상황에 미국을 넘어 중국은 이미 세계 영화 시장에서 1위를 차지하고 있다. 한국 영화의 해외 수출에서 중국 시장으로의 진출이 필요한 대목이다. 한국 영화는 뛰어난 제작 기술, 독특한 문화 예술, 성숙한 산업 모델 등의 장점이 있는 반면에 한국 국내 시장 규모가 작기 때문에 중국 시장에 진출하여 한국 영화의 새로운 발전을 모색해야 한다. 둘째, 한국과 중국은 지리적 위치가 가깝고 한자문화권에 속해 있다. 특히 한류가 이미 중국에서 어느 정도 자리 잡았기 때문에 한국 영화의 중국 시장 진출은 비교적 용이하다고 할 수 있다. 셋째, 한국 영화가 중국에 많이 진출하였지만, 중국에서 미국 할리우드 영화보다 성과가 높지 못하다는 점이다. 따라서 중국 시장으로 진출을 확대할 필요가 있다.

2) 이론적 가치

'영화의 국제 전파'와 관련한 선행 연구는 일련의 성과를 거두었다. 장차이쟝(张彩江)은 할리우드 영화가 중국 시장에 진출하여 패권을 장악하는 과정을 연구하였고, 중국 정치, 경제, 문화, 사회, 시청자에 대하여 끼친 영향을 분석하였다.[1] 이외에도 영화의 다문화 전파에 대한 선행 연구가 이루어졌다.[2] 그러나 선행 연구는 기초적인 단계에 머물러 있는 실정이다. 특히 최근 20년(2000~2020)간 한국에서 '한국 영화의 중국 시장 전파'에 대한 연구는 매우 부족한 실정이다. 이에 본 연구는 한국 영화의 중국 시장 진출에 관하여 심층적으로 분석하고자 한다.

2. 연구 의의 및 목적

중국은 미국 할리우드를 추월하여 전 세계 가장 큰 영화 시장으로 부상하였고, 한국과 가장 가까운 영화 시장이기도 하다. 최근 20년간 한국 영화의 중국 시장 진출 현황을 정리하는 것은 한국 영화 산업

---

1 张彩江(2012),『好莱坞电影在中国的跨文化传播』, 陕西师范大学博士论文.

2 《论英国电影在上海的传播与接受(1897-1951)》,《日韩影视剧在中国传播》,《中国电影在中亚传播》,《中国电影在越南传》.

의 장기적인 발전에도 매우 의미를 가지고 있다. 중국 영화 측은 한국 영화의 장점을 학습할 수 있는 계기가 되고 한국 영화는 중국 시장으로의 진출을 확대해야 하는 점을 고려할 때, 한국 영화의 중국 시장 진출에 관해 연구하는 것은 현실적인 의미를 지니고 있다. 본 연구의 연구 목적은 첫째, 중국 시장에 진출한 한국 영화 현황을 파악하여 향후 진출을 확대하는 이론을 제공하고자 한다. 둘째, 한국 영화의 중국 상영, 진출 및 문화 교류를 통하여 중국 영화와의 차이점을 분석하여 한국 영화의 제작 기술과 예술성을 배우고자 한다. 더 나아가 한국 영화의 중국 시장 진출 경험을 바탕으로 중국 영화가 세계에 진출할 수 있는 방안도 함께 모색하고자 한다.

3. 연구 방법

1) 연구 이론

본 연구의 주요 이론 배경은 Harold Lasswell의 5W 이론과 Shannon — Weaver의 noise 이론이다. 5W 이론이란 who, to whom, in which channel, says what, with what effect로서 이를 본 연구에서는 진출 대상 연구, 시청자 연구, 진출 미디어 연구, 영화 내용 연구, 진출 성과 연구에 적용하고자 한다. noise 이론은 바로 한국 영화의 중국 진출 과정의 장애 요소에 대한 분석에 적용하고자 한다.

2) 연구의 독창성

첫째, 2000년 이후 중국에서 한국 영화의 영향력은 무시할 수 없다. 그러나 최근 20년간 한국 영화의 중국 진출 상황을 시기별로 분리하고 그 특징을 분석하는 연구는 아직 이루어지지 않았다.

둘째, 한국 영화의 중국 진출에 관한 체계적, 세부적으로 분석하였다. 한국 영화의 진출 주체, 내용, 방법, 관중, 영향 요소 등에 대한 심층적인 분석이다. 한국 영화의 중국 진출 상황에 대하여 체계적으로 정리하였다.

셋째, 선행 연구에서는 다루지 않았던 한국 영화의 불법 영상 사이트 전파에 대하여 분석을 시도하였다.

넷째, 최초로 해외 언론학의 '5W' 이론을 통하여 한국 영화가 중국에 진출하는 상황에 대하여 분석하였다.

4. 선행 연구

본 연구는 '한국 영화의 중국 진출'에 관한 것이다. 필자는 한국 영화 자료관, 영화의 전당, 한국 국립 도서관, 한국 영화진흥위원회 등을 방문하여 영화 역사, 영화 이론 등에 관련된 저서, 논문 등을 연구의 대상으로 삼았다. 또한, 한국 국립 도서관에서 《조선일보》, 《중앙일보》, 《CENT 21》 등 관련 잡지와 영화에 관한 간행물을 연구자료로 삼았다.

이상에서 언급한 부분과 더불어 본 연구의 구체적인 대상은 다음과 같은 단계를 통해 선정하였다.

첫째, 2000~2020년 한국 영화의 중국 진출 관련 200여 편의 한국 영화 목록을 정리하였다. 둘째, 한국 영화에 관한 학술 저서, 잡지 등을 참고하였다. 《한국영화역사》, 《한국영화사연감》, 《영화연구》, 《영화 세계》, 《국제 영화》, 《은막》 등을 주요 연구자료로 삼고 한국 영화의 중국 진출에 관한 내용을 수집하고 분석하였다. 셋째, 이상으로 선별한 자료를 토대로 본 연구의 주요 대상을 설정하였다.

1) 중국에서의 한국 영화 연구: CNKI 검색 결과

한국 영화의 중국 시장 진출에 관한 연구는 주로 한국과 중국에 집중되어 있다. 중국에서 한국 영화의 중국 시장 진출에 관한 연구는 미흡한 실정이다. 대부분의 연구는 2000년 이후에 집중되어 있다. 중국 학자들의 선행연구조사는 CNKI 및 Wanfang 데이터 온라인 플랫폼을 활용하였다.

이를 구체적으로 살펴보면, 첫째, 본 연구 주제와 직접적으로 관련 있는 것은 바로 원조우샤(温朝霞, 2006) 의 연구를 들 수 있다.[3] 그는 일본과 한국 드라마의 중국 시장 진출 현황을 정리하고, 중국 시장 진출에 영향 요소 분석, 한국/일본 드라마의 예술성 분석과 중국에 대한 영향을 연구하였다. 이 논문은 관련 분야에 초석을 마련하였다는데 의의가 있다.

둘째, 석사 논문 3편이 있다. 조우링(赵玲, 2006)은 한국 영화과 한국 문화가 중국에 대한 영향을 분석하고 한류가 중국에서 유행하는

3 『1980年后日韩影视剧在中国的传播』, 暨南大学博士论文.

원인에 대해 분석하였다.[4] 조우단(赵丹, 2016)은 한국 영화의 발전, 주제, 제작 및 배급 방식에 대하여 중점을 두고 정리하였다.[5] 텐샤샤(田莎莎, 2011)는 한국 영화 진출 현상에 대한 분석을 통하여 한국 영화 진출 성과 및 마케팅 전략에 대해 정리하였다.[6]

둥천(冬陈, 2020)은 중국 관중의 한국 영화에 대한 수용의 사회 환경에 대하여 분석하였다.[7] 2013년 쟈오샤오타오(赵晓涛)는 한국과 중국합작 영화 〈夺宝联盟〉의 저수익 현상과 원인에 대해 분석하였다. 2014년 왕원쭝(王文忠)은 2006~2013년 한국 영화 산업에서 해외 진출 수익 데이터를 근거로 한국 영화의 6년간 중국 시장에 급증 추세를 분석하였다. 장치(张琦)는 2006부터 2014년까지 8년간 한국 영화의 중국 시장에서의 수익 증감 변화를 정리하고, 동시에 중국 영화 시장 증가 현황을 결합하여 한국 영화의 중국 시장 진출하는 현황을 분석하였다. 이를 통해 한국 영화가 중국 시장에서 큰 성공을 얻을 거라고 전망하였다.[8]

이상의 연구에는 한국 영화의 중국 시장 진출 과정과 발전, 한국과 중국합작 제작 현황, 한국 영화의 문화 예술 분석, 한국 영화의 중국 시장 수익 현황, 한국 영화 해외 진출 전략, 한국 영화의 성공 사례가 중국 영화에 주는 시사점, 중국 관객의 수용도 등 여러 측면을 언급하였다.

한국 영화의 중국 시장 진출이라는 주제는 간접적으로 관련된 논

---

4 『韩国影视文化在中国的传播及其影响』, 吉林大学硕士论文.

5 『新世纪以来韩国电影的跨文化研究』, 云南师范大学硕士论文.

6 『韩国电影境外传播现象研究』, 中央民族大学硕士论文.

7 「中国观众对韩国现实题材电影的接受和阐释: 以〈熔炉〉〈素媛〉为例」.

8 「韩国电影产业进军中国电影市场的现况与展望」.

문은 다음과 같이 4가지로 나눌 수 있다.

① 한국 영화를 통하여 얻은 시사점에 관한 연구

2005년 예치(叶奇)는 박사 논문 〈民族形象的自我书写: 韩国类型片对中国启示〉에서 한국 영화 주제를 애정과 조폭으로 분류하였다. 한국 영화의 유형화를 통해 중국 영화의 발전의 길을 모색하였다. 그러나 이 논문은 한국 영화 유형 분석이 미흡하였고 한국 영화 발전의 객관적인 법칙을 찾아내지 못하였다. 그 외에도 루디(路笛, 2004)는 한류가 중국 영화 산업에 끼친 영향을 분석하였다. 판양(范阳, 2010)은 한국의 애정 영화를 통하여 중국 유형 영화 발전에 대한 방안을 제시하였다. 추웨이화(楚为华, 2006)는 한국 영화 제작 내용, 제작 방법과 제작 태도 측면에서 중국 영화 발전에 관한 방안을 제시하였다. 황이란(黄艺兰, 2006)은 한국 영화의 민족화, 본토화 및 할리우드 영화를 통하여 중국 영화의 민족화, 본토화의 과제를 제시하였다.[9] 천완(陈婉, 2019)은 한국 영화 산업의 성과 및 경험에 대하여 논의하였다.

② 한국과 중국 합작 제작 영화 연구

한국과 중국의 공동 영화 제작은 한국 영화의 중국 전파의 주요 방식이다. 합작 제작은 양국에서 함께 제작하는 경우 혹은 한국 영화를 중국에서 리메이크하는 경우 두 가지로 나눌 수 있다. 2017년 조우웨팡(赵魏芳)은 중국과 외국 합작 제작 영화의 발전 추세 및 전략에 대한 분석하였고 한국과 중국합작의 주요 문제점과 해결 방안을 제시하였다. 2015년 두진(杜津)은 한국과 중국합작 새 모델에 대하여 모색하

9 「韩国电影的本土身份建构及其对中国的启示」.

였다. 박보민은 한국과 중국합작 영화의 파생 제품 개발과 전략에 대하여 논술하였다. 2014년 정보영은 〈합작영화는 단지 환상인가: 한중 합작영화를 중심으로〉에서 한국과 중국협력의 문제점과 해결 방법을 제시하였다. 2015년 중국 영화신문사는 한국진흥위원회 중국사무소 수석대표 김미정과의 인터뷰에서 〈한중 영화 합작 협정〉의 체결에 따른 양국 영화 협력에 대한 영향을 토론하고 2000년에서 2015년까지 한중 영화 합작 역사 과정을 요약하였다. 2020년 진옌(金艳)은 한국과 중국합작 영화 중의 유교 문화적 요소에 대하여 자세히 분석하였다.

③ 한국 영화의 중국 리메이크판 관련 연구

한국 영화의 중국 리메이크판 관련 연구는 총 4편의 논문이 있다. 그중 가장 영향력 있는 논문은 2020년 장연(张燕)의 〈移植与改写: 韩国犯罪片在中国翻拍现象研究〉이다. 이 논문은 중국에서 한국 범죄 영화를 리메이크한 현황과 리메이크 영화 제작 과정에서 나타난 문화적 표현의 본토화된 재구성과 혁신, 서술에 있어서의 관계 문화 계승과 디테일에서의 차이 등 부분에 관해 논의를 전개하였다. 챈첸(钱茜)은 〈2015年以来韩国犯罪题材电影的中国翻拍与比较研究〉를 통해 한국 범죄 소재의 영화가 중국에서 리메이크된 현황을 분석하고 리메이크 과정에서의 어려움과 부족한 점을 요약하여 중국 범죄 영화 제작에 시사점을 주었다. 저우원(周稳)의 〈韩国电影的中国翻拍策略研究〉는 최근 몇 년간 중국에서 리메이크된 한국 영화의 가장 전형적인 3가지 상업 장르 영화(코미디, 로맨스, 범죄)를 비교분석하고 한국 영화의 리메이크 과정에서 나타난 본토화 재편집 전략과 어려운 점 및 부족한 점을 요약하였다. 2018년 숭양(宋扬)은 "신달아" 번역 이론에 근거하여 〈과속스캔들〉과 중국판 리메이크에서의 영화 제목과 역할을 비교하여 번역의 차이점을 분석하였다. 중국에서의 "리메이크 관련 연구"는 범죄 영화에 비중을 많이 두고 있으며 한국 영화를 더 잘 리메이크하는 것이 주된 연구 목적이다. 그러나 기존 연구는 한국 영화의 원작과 중국판 리메이크에 대한 비교분석과 관련해 충분한 논의가 되지 못하고 있다. 저우원의 논문이 코미디, 로맨스 및 범죄 등 한국 영화의 리메이크에 대해 비교를 하였지만, 분석이 비교적 단순하고 설득력도 떨어졌다.

④ 한국 영화 예술성 분석

한국 영화 예술성 분석에 관련된 연구는 많은 성과를 거두었다. 거시적으로 한국 영화 발전 추세의 동태 분석부터 미시적으로 유형별 영화와 감독 작품에 대한 개별 연구까지 연구 분야가 넓고 다양하다. 영화 유형, 서술 방법, 캐릭터, 문화 가치, 감독 컨셉, 미학 특징, 중국 요소 등 여러 측면에서 연구가 이루어졌다. 그중 한국 영화의 예술 특징에 관련된 4편의 박사학위 연구를 주목할 만하다. 2005년 예친(叶勤)은 〈民族形象的自我书写: 韩国类型电影研究及对中国电影的启示〉에서 애정 영화와 조폭 영화의 번영 현상에 대하여 심도 있는 논의를 진행하였다. 2017년 쑨하오(孙皓)는 〈春香传: 从文学到电影〉에서 문학 작품에서 영화로의 제작문제에 대하여 분석하였다. 2013년 진지위(金基宇)는 〈南北韩谍战片中的冷战文化〉에서 남북 냉전 문화를 영화 측면에서 연구였다. 2003년 쨔오샤오칭(赵晓晴)은 〈东方影像中的女性: 中 · 日 · 朝 · 韩银幕女性形象创作及特征〉에서 여성 캐릭터를 연구하였다. 논문에서 동양 여성의 캐릭터의 단계별 변화에 대하여 분석하였다. 한국 영화 예술에 관한 연구 중에 가장 많은 것은 서사 방법과 영화 유형에 대한 것이다.

2) 한국에서의 중국 진출 한국 영화 연구

한국에서는 '한국 영화의 중국 시장 진출 연구'에 관련 연구는 많지 않은 상황이지만 중국의 연구보다 다소 많다. 논문 9편, 석사 논문 12편, 박사 논문 1편으로 총 21편이 있다.

한국에서의 연구가 중국보다 많은 편이고 연구 분야도 넓은 편이다. 이런 현상은 연구 대상이 한국 영화이기 때문으로 볼 수 있다. 한국 국내의 선행 연구도 마찬가지로 주제와 직접 관계와 간접 관계 2가지로 나눠서 아래와 같이 정리하였다.

한국 국내에서 '한국 영화의 중국 시장 진출'과 직접 관련성이 있는 자료는 영화추진위원회가 편집한 2권이 있다. 하나는 2003년 박희성의 〈아시아·태평양 지역 한국 영화 진출 현황연구〉로, 한류의 기원에 대하여 분석하였다. 그러나 연구 대상은 2003년 이전의 영화이고 중국 시장의 특징과 규모에 대한 논술이 빠져있다. 다른 하나는 2009년 배경민, 정윤경의 〈한국 영화 해외 진출 사례 분석 및 배급 전략 연구〉로서, 중국 시장 수익을 중점으로 한 한국 영화 해외 시장 진출을 연구한 내용이다.

박사학위 논문으로는 2020년 이요의 〈영화 파생상품 마케팅 전략에 관한 연구: 중국 시장 진출 마케팅 전략을 중심으로〉를 들 수 있다. 영화 파생상품의 마케팅 전략에 대하여 고찰하였고 특히 중국 시장을 중심으로 영화 파생상품의 확대 및 마케팅 전략을 분석하였다.

석사 논문으로는 2010년 진정군의 〈한국 영화의 중국 시장 진출에 관한 연구〉를 들 수 있다. 한국 영화의 중국 시장 진출 방식에 대하여 분석하였다. 주로 다양한 배급 방식, 저작권 계약, 합작 제작, 영화 시사회 개최 및 온라인 비공식 진출 등에 대해 분석하였고, 이상적인 진출 방안 등을 모색하였다. 2013년 양나는 〈한국 영화의 중국 시장 진출 방안에 관한 연구〉에서 한국 영화의 중국 시장 진출 현황과 문제점 특히 중국 시장 수익에 대하여 정리하였다. 2016년 주만은 〈한중 공동제작영화의 중국 시장 진출 현황 및 전망 연구〉에서 최근 몇 년간 한국과 중국합작 제작 프로젝트에 직접 참여한 직원을 인터뷰하는 방식으로 문제를 제기하고 개선 방안을 제시하였다. 어일선은 〈한국 영화의 중국 시장 진출을 위한 콘텐츠 전략 연구: 한·중 합작을 중심으로〉에서 중국 시장의 중요한 역할을 강조하였다. 한국 영화는 먼저 중국 시장 진출에서 시작하여 많은 나라와 협력하여 국제 연합 영화 제작 프로그램을 추진하였으며, 제4차 산업혁명의 추세와 요구에 맞게 영화 산업을 발전시켜야 한다고 하였다.

일부 한국 간행물에도 한국 영화의 중국 시장 진출 성패 요소, 제작 회사, 마케팅 전략 등 측면에 관련 보고서를 수록하였다. 2016년 고양은 은 〈중국 시장 진출: 한국 영화의 성공 실패 요인에 관한 연구〉에서 한국 영화가 실패한 요인 분석, 중국인이 선호하는 영화, 한국 영화 성공의 요소를 분석하였다. 2015년 양정은의 〈한국 엔터테인먼트 산업 중국 시장 진출 전략 연구: 한국 CJ E&M 영화 산업 중국 시장 진출 사례 중심으로〉에서 한국 CJ E&M 회사 중국 시장 진출 전략을 분석하고 한국 엔터테인먼트 사업이 중국 시장 진출 방식과 문제점을 제시하였다. 2007년 김현지의 〈한국 영화 산업의 대중국 진출 방안에 관한 연구〉에서 한국 영화의 중국 시장 진출 추진 방안과 전략에 대하여 분석하였다.

① 한국과 중국합작 제작

이 연구는 합작 내용, 방식, 합작 기술 및 추세 등에 관한 것이다.

2019년 박사 논문으로 임소신의 〈한국 영화 원작과 중국 리메이크 영화 비교연구: 〈수상한 그녀〉와 〈20세여, 다시 한번〉을 중심으로〉를 들 수 있다. 한국 초판 영화 〈수상한 그녀〉와 중국 리메이크한 영화 〈20세여, 다시 한번〉에 대해 스토리 요소, 서술 방법, 캐릭터 및 촬영 기술의 공통점과 차이점에 대하여 비교 분석하였고 리메이크 제작의 규칙과 리메이크의 의미를 제시하였다. 2014년 한달호는 〈한중합작 영화의 스토리텔링 콘텐츠개발을 위한 중국 100대 영화연구〉에서 한국과 중국 영화 스토리텔링 콘텐츠 개발에 대해 연구하였지만, 중국 영화 100편만을 연구 대상으로 삼았다. 2017년 장루이는 〈중한합작영화의 대본 개발 및 번역 연구〉에서 한국과 중국 영화 대본의 번역 및 개발을 위주로 연구하였다. 2019년 리하이룽(李海龙)은 〈The Analysis of the Film Cooperation Mode of 'One text, two productions" in China and South Korea: Take Extreme Job and Lobster cop as Examples〉에서 하나의 대본으로 두 편의 영화를 제작하는 한국과 중국 리메이크 영화에 대한 연구를 하였다. 2016년 정명화는 〈한중 영화 합작의 발전 방향〉에서 한국과 중국 협력 발전 방향 및 추세에 대하여 모색하였다. 2011년 서지선은 〈한국 영화의 해외시장 진출에 관한 연구: 국제공동제작영화 사례를 중심으로〉에서 합작 제작의 가치와 의미에 관하여 입증하고자 하였다. 2020년의 〈한국 영화의 중국 시장 전파를 위한 콘텐츠 전략 연구: 한·중 합작을 중심으로〉에서 한국 영화가 중국 시장에 수출되기 전에 반드시 중국 관객의 정서를 파악해야 하고 중국 역사 문화를 이해해야 하며 양국 간의 분쟁점을 우선적으로 해결해야 한다는 입장을 보여주었다.

② 한국 영화의 중국 리메이크판 관련 연구

중국의 연구 현황과 비교해 볼 때, 한국 영화의 중국 리메이크와 관련된 한국의 연구는 다루는 대상의 범위가 넓으나 전체 수는 20편 미만이다. 이를 구체적으로 다음과 같이 3가지 유형으로 분류해 볼 수 있다. 첫 번째는 사례별 비교연구이다. 이현율, 장요문의 2017년 논문 〈한국 영화 중국 리메이크에 나타난 문화적 차이: 〈수상한 그녀〉와 중국판 〈20세여, 다시 한번〉을 중심으로〉를 비롯한 연구들은 두 영화의 등장인물 설정, 서사 구조, 사회적 조건을 비교 분석하였다. 둘째, 한국 영화의 중국판 리메이크를 통해 중국 영화 산업을 재인식하는 연구들이다. 예를 들면 안상훈의 2017년 연구 논문 〈한중합작 영화 리메이크 과정을 통해 본 중국 영화계의 현주소〉는 한국과 중국이 합작하여 제작된 영화들이 실패한 원인을 분석하였다. 셋째, 한국 영화와 중국 영화를 비교 분석한 연구이다. 예를 들면 오연의 2019년 논문 〈한국 원작 영화와 중국 리메이크 영화의 문화 차원 비교연구〉와 같은 것이다. 이 연구는 최근 한국 영화의 중국 리메이크 현황에 따라 양국의 문화적 공통점과 차이점을 밝히고, 이를 바탕으로 한국 원작 영화와 중국 리메이크 영화를 비교하여 중국 영화계의 발전에 시사점을 주었다. 이를 종합해 보면 한국 영화의 중국 리메이크에 대한 연구가 많지 않으며, 연구 경향도 특정 영화에 대한 비교분석에 치중하여 한국 영화의 중국 리메이크에 대한 체계적인 분석이 부족하다고 보인다.

③ 한류, 정책, 관객 연구

한류에 관련된 연구는 다음과 같이 이루어졌다. 2015년 한달호는 〈스토리를 기반으로 한 한류 영상콘텐츠 개발연구〉에서 한류 내용 현황 및 한류 발전 역사를 소개하였다. 그러나 해당 연구는 주로 중국 영화를 연구 기반으로 두었고 목적은 한국 영화의 중국 시장 진출 방안을 모색하자는 것이었다. 2015년 박사 논문 손봉의 〈중국의 한류 미디어 콘텐츠 연구〉는 거시적으로부터 최근 20년간 한류 발전 환경을 분석하였고 한류의 주요 표현 방법(영화, 게임, 텔레비전 프로그램, 인터넷 오락, 애니메이션, 소설 등)에 대하여 소개하였다.

영화정책 연구로는 2018년 황현정의 〈중국 영화산업촉진법 시행에 따른 한국 영화 산업 발전방안〉을 들 수 있다. 2015년 김진해는 〈한중 FTA 타결에 따른 한국 영화의 중국시장 진출에 관한 연구〉에서 한&중 FTA 체결 이후 한국 영화의 중국 시장 진출에 관하여 고찰하였다. 한국 영화 산업의 중국 시장 진출 현황과 그 진출 과정을 고찰하였다.

관객에 대한 연구는 2012년 정리리의 〈중국 관객들의 한국 영화에 대한 평가 연구: 영화 〈아저씨〉에 대한 네티즌들의 관람 후기를 중심으로〉를 들 수 있다. 〈아저씨〉를 통하여 중국 관객의 한국 영화에 대한 평가 및 한국 영화에 대한 수용을 고찰하였다. 왕예결은 〈중국 OTT 플랫폼 내 한국영화의 흥행요인에 관한 연구〉에서 중국 주요 OTT 플랫폼의 한국 영화257편을 대상으로 중국 온라인 사이트에서 네티즌 평론 댓글 수량이 많을수록 영화 평가 점수가 높고 이에 따른 방영 빈도도 높다고 하였다. 이 주장은 일부 참고 가치가 있지만 Aiqiyi(爱奇艺) 한 플랫폼만을 대상으로 하였기에 다소 단편적일 수밖에 없다.

3) 연구의 부족한 점

이상으로 살펴본 선행 연구는 일련의 성과를 거두었지만 모두 40여 편에 불과하다. 다음과 같이 선행 연구의 한계를 파악하고, 문제 제기를 통해 본 연구의 방향성을 밝히고자 한다.

먼저, 연구 수량 측면이다. 관련 선행 연구는 한국에서 37편, 중국에서 8편 총 40여 편에 불과하다. 시간상으로는 2010년 이전 시기에 집중되어 있고 2010년 이후의 연구는 적은 편이다. 2010년부터 2016년까지는 한국 영화의 중국 진출 황금기로 불릴 정도로 한국과 중국 영화 교류의 첫 번째 절정기다. 이 시기의 선행 연구는 주로 특정 영화나 혹은 특정 감독에 집중되어 있어, 이 황금 시기를 전체적으로 대상으로 삼거나 특징과 발전을 분석한 연구는 부족하다. 2017년부터 2020년까지는 한한령(限韩令)이 발령된 시기로 한국과 중국 영화 교류에 관한 연구는 거의 없다. 그러나 현실적으로는 한한령에도 인터넷과 새로운 미디어 방식의 신속한 발전에 따라 한국과 중국의 영화 교류가 지속적으로 진행되었다.

다음으로, 연구 수준 측면이다. 최근 20년간 한국 영화의 중국 진출 상황에 대한 체계적이고 전면적인 연구는 없다.

선행 연구는 대부분 분산적이고 체계적이지 않으며 연구 깊이가 부족하다. 특정한 년도, 특정 영화, 특정 감독에 대한 연구에 집중되어 있다. 21세기 이후 20년간 중국으로 수출된 한국 영화에 관한 연구는 없다.

한국 영화의 중국 진출 과정에 대한 분석이 체계적이지 않다. 한국 영화의 중국 진출에 관한 선행 연구 중에 대부분 서사 방식, 영화 유형, 커트 신 등 한국 영화 내용의 예술성 분석을 중심으로 하고 있다. 혹은 한국 영화의 중국 수출 전략을 분석하고, 이를 통해 중국 영화가 가져야 할 전략적 시사점을 얻고자 하는 내용이 주를 이룬다. 또한, 진출 주체, 내용, 방법, 관객 및 영향 요소 등을 종합적으로 분석한 연구가 없다. 종합적이고 체계적인 분석이 이루어져야 한국 영화의 중국 진출에 관하여 심층적으로 연구할 수 있다.

마지막으로, 연구 질문 측면이다. 20년간 한국 영화의 중국 진출 상황이 어떠한가? 중국에 진출한 한국 영화는 무엇이 있는가? 중국으로 진출한 한국 감독은 누가 있는가?

한국 영화는 어떤 방법으로 중국에 진출한 것인가? 한국 영화가 중국에 진출하는 데 영향 요소로 무엇이 있는가?

중국 관객이 한국 영화를 받아들이는 정도는 어떠한가? 중국 관객은 어떤 유형의 한국 영화를 좋아하는가?

2장

한국 영화의 중국 진출 과정

한국과 중국 영화 교류의 역사는 1960년대 한국과 홍콩영화의 교류에서 시작되었다. 한국 영화 감독 신상옥, 정창화 등은 홍콩을 방문하고 홍콩 소씨영화회사에 투자하여 영화를 촬영하였다. 영화 〈관세음〉이 바로 대표적인 한중 합작 영화이자 한국과 중국 영화 교류 역사상 최초의 작품이기도 하다. 1979년 홍콩 감독 후진췐(胡金铨)은 그의 인생에서 가장 중요한 두 작품인 〈공산영우〉과 〈산중전기〉를 촬영하기 위해 한국을 방문하였고, 한국의 촬영지를 섭외하기 위해 한국에 온 최초의 중국 감독이 되었다. 양국 간의 교류가 강화되면서 한국에서는 홍콩영화와 연예인들의 인기가 급부상하였으며 한국영상자료원 홍보담당자인 민병현은 "1980~1990년대 한국에서 홍콩영화의 인기는 할리우드 영화와 비견할 수 있다"라고 밝혔다. 홍콩 스타 왕주셴(王祖贤)과 장만위(张曼玉)는 한국 90년대 한국 젊은이들에게도 매우 유명한 배우이다. 1992년 한중 수교 이후 양국 간 문화 교류가 활발히 이루어지기 시작하였고, 한류의 보급으로 한국문화가 중국에 널리 진출하면서 중국 관객들이 한국 영화에 대하여 관심을 갖기 시작하였다.

21세기에 들어 한류 열풍이 급물살을 타고 한국 드라마와 함께 한국 영화가 중국 시청자의 관심을 끌었고 점차 중국 영화관에 상영이 되면서 큰 인기를 누릴 수 있게 되었다. 〈엽기적인 그녀〉, 〈그놈은 멋있었다〉 등 캠퍼스 로맨스 영화가 순식간에 중국 사회를 휩쓸었다. 한국 스타들의 패션과 세련된 글로벌 이미지가 청소년 관객을 사로잡았고 전지현, 현빈과 같은 한국 연예인들이 순식간에 한류스타로 떠올랐다. 2010년 이후에는 영화를 제작하기 위해 많은 한국 감독들이 중국으로 초청되었고, 한국 감독들 사이에서는 이국적인 '영화 촬영 붐'이 일어났다. 중국 시청자들이 한국 영화와 문화에 호기심을 갖게 되면서 한중 영화 협력 교류는 더욱 활발해졌다. 한국은 중국 영화 산업에서 가장 밀접하게 교류하는 나라로 자리매김하였고 한중 영화 교류는 30년간 지속되어 양국이 함께 성장하는 역사를 공유하게 되었다.

본 연구의 연구 대상인 '한국 영화'란 한국 영화를 주요 형식으로 한 문화 상품을 가리킨다. 여기에는 합법적 또는 불법적인 채널을 통해 중국에 진출한 한국 영화 및 영상물을 포함시키고 단편 영화나 다큐멘터리는 제외하였다. 연구 조사지역은 홍콩을 포함한 중국 본토를 대상으로 삼았다. 본 연구는 한국 영화의 중국 상영과 전시, 합작 제작, 영화제, 교류회 등 다양한 측면을 통해 최근 20년간의 중국에서의 발전 과정을 고찰하고자 한다.

1. 한류 전파 시대: 초창기(2000~2004)

'한류'라는 용어는 바둑에서 유래하여 현재 K-pop, 드라마, 영화, 예능, 미식, 의류, 언어, 게임, 관광, 메이크업(makeup), 라이프 스타일(life-style) 등 한국 문화산업을 통칭하는 개념이다. 1992년 한중 수교 이후 한류가 급속도로 중국에 전파되고 엔터테인먼트 발전이 박약한 중국은 빠른 속도로 한류를 수용하기 시작하였다. 양국 관계가 강화되면서 한류도 한중 관계에서 중요한 역할을 발휘하게 되었다.

한류는 우선 드라마와 음악을 통해 중국에 유입되었다. 멀티 엔터테이너 이정현은 중국에 한류 바람을 일으킨 최초의 인물로서 1996년 한국 영화 〈꽃잎〉에 출연해 '대종상', '청룡상', '신인상'을 수상하며 한중 예술교류 사업에 참여하기 시작하였다. 2001년 5월, 중국 다롄, 선양에서 개최된 한류 콘서트와 홍콩 평화 콘서트 '한중 문화의 밤' 에 참가하였고 2002년 12월에는 중국 가족 드라마 〈뷰티풀 마인드〉에 처음으로 출연하였다. 이후 이정현을 대표로 하는 한국 아티스트들이 홍콩과 중국 본토와의 협력을 통해 한국 영화와 TV의 열풍을 불러일으켰다. 1997년 중국 CCTV는 최초로 〈사랑이 뭐길래〉를 방영해 중국에서 최고 시청률을 기록했고, 이순재는 한국 '퍼스트 아버지'의 이미지로 중국에 널리 알려졌다. 같은 해 중국에서 방송된 드라마 〈별은 내 가슴에〉는 부잣집 도련님과 신데렐라의 러브스토리로 순식간에 중국 관객들의 마음을 사로잡았고, 안재욱 역시 한국 배우로는 최초로 중국 시장에 정식으로 알려졌다. 1999년에는 안재욱, 김희선 주연의 〈안녕 내 사랑〉이 방송되었고, 청춘 사랑 드라마는 한국 드라마의 대명사로 자리 잡았다. 이후 〈가을동화〉를 통하여 한국 청춘 드라마의 전성기를 맞이하였다. 2000년 2월 1일, 한국 인기 아이돌 그룹 HOT가 베이징 공인 체육관에서 콘서트를 개최하였는데 관객들의 열광적인 분위기는 홍콩, 타이완 가수들의 콘서트보다 더 뜨거웠으며 K-pop이 중국을 강타하였다. 일부 중국 매체는 이러한 열광적인 현상을 '한류'라고 불렀다. '한류' 열풍은 시작과 함께 베트남, 몽골, 중국 홍콩과 타이완 지역에 급격히 퍼지고 다양한 내용과 형태로 발전하였다.

1) 한국 영화의 홍콩 전파

2000년 이후 '한류 붐'을 타고 한국 영화도 중국 시장에 진출하기 시작했지만, 첫 타겟은 중국 본토가 아닌 홍콩이었고 빠른 속도로 인기를 끌기 시작했다. 한류가 홍콩에 전파되면서 홍콩 예능 프로그램도 최초로 한류 문화를 소개하였다. 2000년 홍콩 지역방송사(新城电台)와 상업 라디오에서는 유웨이헝(刘伟恒)이 진행한 〈아항아소〉 프로그램에서 매주 15분가량의 한국 노래를 방송하였다. 이 프로그램 파트는 〈한류 홍콩 강타〉로 불렸다. 〈한류 홍콩 강타〉와 〈한류열풍〉 프로그램은 한류를 소개하는 중요한 경로가 되었고, 이외에도 한류 네트워크와 같은 한류 문화를 전파하는 전문 사이트가 개설되었다. 유웨이헝은 100명 이상의 유명한 한국 연예인과 인터뷰를 진행하였고 홍콩과 중국 본토에서 《한국입문매뉴얼》, 《워킹 서울 가게》, 《한류 종적》, 《한류 성상》 등 한류와 한국 문화 관련 전문 서적 여러 편을 출판하였다. 이후 유웨이헝은 2007년 그의 첫 영화 시나리오 〈목인항(木人巷)〉이 한국 부산 국제영화제에 입성하였다. 유웨이헝은 음악에서 문화, 영화 영역까지 여러 분야를 통해 한류를 소개하였고, 갈수록 많은 홍콩 시민들이 한류를 수용하게 되었다. 중국 대륙의 경우, 후난위성 TV 예능 프로그램 '쾌락대본영'에서 안재욱, 코요테, NRG 등 유명 한국 연예인들을 2000년경에 초청하였지만, 규모를 형성하지 못했다. 이후 2001~2005년 사이에는 한류 스타들을 초청하지 않았고 2007년 이후에 가서야 한류 스타들이 '쾌락대본영'에 출연하게 되었다. 이후 한국 유명 연예인들이 매년 후난위성 TV에 출연하여 작품을 홍보하였고,

2007년 이후에는 후난위성 TV가 한류 홍보의 중심지가 되었다. 그러나 홍콩에 비교하면 후난위성 TV는 한류 전파 속도가 늦고 역량도 부족하였다.

한국 영화는 최초로 홍콩과 교류를 하게 되었고 1980년대 홍콩영화는 한국 사회를 휩쓸었다. 한국 드라마 〈응답하라 1988〉에서도 〈영웅본색〉, 〈천녀유혼〉 등 홍콩영화의 모습들을 많이 찾아볼 수 있다. 〈응답하라 1988〉 드라마 주인공 친구들의 별명을 '왕주센'과 '장만위'라고 지은 것에서도 당시 홍콩영화의 인기를 알아볼 수 있다. 〈영웅본색〉의 두 주인공인 장궈룽(张国荣), 저우룬파(周润发)은 당시 한국에 모르는 사람이 없을 정도의 유명한 배우였다. 청룽(成龙), 주윤발(周润发), 유덕화(刘德华), 장궈룽(张国荣)은 한국 광고에까지 출연할 정도로 인기가 높았다. 2016년 HD 〈영웅본색〉 이 한국에서 다시 개봉하면서 한국 관객들의 뜨거운 반응을 불러일으켰다. 한국 네티즌들은 영화를 본 소감을 이렇게 회상했다. "장궈룽을 보려고 영화를 관람했는데 주윤발의 매력에 빠졌다. 친구 간의 의리를 주제로 한 영화가 더 없을까 … ".[10] 그러나 한국인들을 감동 시킨 홍콩영화는 〈영웅본색〉 뿐만이 아니었다. 〈첨밀밀(甜蜜蜜)〉, 〈패왕별희(霸王别姬)〉, 〈천장지구(天若有情)〉, 〈A 플랜(A计划)〉, 〈무간도(无间道)〉 등 영화도 한국에서 인기가 많았다. 영화뿐만 아니라 영화 OST도 인기를 끌었다. 장국영이 부른 〈당년정(当年情)〉은 "한국인의 가장 기억에 남는 영화 OST"로 선정되었다. 홍콩 고전영화나 광둥 노래도 한국에서 옛 기억을 되돌아보는 열풍을 불러일으켰다.

---

10 【香港回归20周年】,《英雄本色》等经典香港电影曾风靡韩国, 2017년 6월 30일, 15:10, 来源: 人民网-韩国频道, http://korea.people.com.cn/n1/2017/0630/c407366-29375351.html.

2000년부터 2004년 사이 한국 영화는 홍콩에서 대량으로 상영됐다. 2002년 3월 〈엽기적인 그녀〉는 홍콩에서 개봉을 시작으로 많은 인기를 얻었다. 첸룽(千龙) 언론사 보도에 따르면 한국 로맨스, 코미디 영화 〈엽기적인 그녀〉는 홍콩 상영 이후 큰 흥행을 거두었다. 비록 17개 영화관에서 상영되었지만 일일 매출액이 40만 위안에 달했고 동 시기에 상영된 중국영화 〈너만 있으면 평생 아름다워(有你终生美丽)〉, 〈키포인트를 저격하라(直击要害)〉보다 매출이 월등하였다. 상영 11일 만에 〈엽기적인 그녀〉는 673만 7238위안 매출로 〈쉬리(生死谍变)〉의 매출 기록을 깨고 당시 한국 영화 최고 흥행작이 되었다.[11] 〈엽기적인 그녀〉가 상영된 이후, "여성을 독립 해방하자"는 구호가 제기되면서 젊은 여성들의 '엽기적인 문화'가 유행하였다. 이후 한국 영화 〈조폭 마누라(我的老婆是大佬)〉, 〈내 여자친구를 소개합니다(野蛮师姐)〉, 〈동갑내기 과외하기(我的野蛮女教师)〉 등 작품이 홍콩에서 연이어 개봉되었다. 특히 홍콩 안락영화사에서는 〈조폭 마누라〉 발행에도 참여하였다. 이 영화가 전달하고자 하는 메시지는 "여성도 한 조직의 보스가 될 수 있으며 남성의 패권 의식은 타파되어야 한다"는 것이다. 이 영화는 〈엽기적인 그녀〉에서 여자 주인공이 지니고 있던 '엽기적인' 개성에 '조폭' 요소를 추가하여 주인공의 '엽기'적인 성격과 조폭 여성의 이미지를 잘 그려냈다.

2004년 〈내 여자친구를 소개합니다〉에서 여주인공은 정의로운 경찰이었고 남자친구는 오히려 보호를 받아야 하는 대상이었다. 남녀 지위의 변화는 '엽기적인 그녀' 시리즈 영화들의 중요 특징이다. 청춘

---

11 첸룽 뉴스, "한국 영화 홍콩 매출의 새 기록", 2002년 3월 6일, 17:26:22, 첸룽 사이트는 베이징시 선전부 주관, 별명 중국 수도 사이트.

로맨스 영화 이외를 보면, 2004년 봉준호 감독이 제작하고 송강호가 주연한 범죄 영화 〈살인의 추억〉이 제24회 청룡영화제 '최다 관객상'을 받으며 2004년 3월 4일 홍콩에서 상영되었을 뿐만 아니라 한국을 제외하고 15개 국가 및 지역에서 상영되었다. 영화는 범죄를 소재로 한 영화답게 슬프고 우울한 분위기를 연출하며 치밀한 추리력을 보여주고 있어 범죄의 재구성(How To Get Away With Murder)과 비교해도 손색이 없다. 홍콩 서스펜스 영화 〈블라인드 디텍티브〉, 〈답혈심매〉는 모두 〈살인의 추억〉 영향을 받았으며 특히 실화를 배경으로 한 미스테리한 사건들, 끈질긴 경찰들의 수사 등의 내용이 〈살인의 추억〉에서 영감을 얻었다고 해도 과언이 아니다. 이 기간에 홍콩에서 상영된 한국 영화는 십여 편에 달했다. 〈친구〉, 〈실미도〉, 〈집으로〉, 〈8월의 크리스마스〉 등 작품이 대표적이며 사랑, 코미디, 조폭, 스릴러, 전쟁, 가족 등 다양한 소재를 그려냈다. 반면에 중국 대륙에 상영된 영화는 겨우 〈오! 해피데이〉, 〈돌려차기〉, 〈내 남자의 로맨스〉 등 3편뿐이었고 멜로 코미디 장르가 전부였다.

한국 영화가 홍콩에서 상영되고, 한국의 배우들은 수상의 영광까지 안게 되었다. 1999년 최민식이 주연한 〈해피엔드〉는 제21회 홍콩영화제 최우수 아시아영화상 후보에 올랐고, 2000년 〈공동경비구역 JSA〉와 〈집으로〉는 동 영화제 제22회 최우수 아시아영화상 후보가 되었다. 영화 〈집으로〉에서 남자 주인공 유승호는 제24회 미국 젊은 예술가상 — 국제 영화 부문 최우수 신인상을 받았다. 2003년 〈클래식〉도 제23회 홍콩영화제에서 최우수 아시아영화상에 노미네이트 되었다. 이 영화의 여주인공 손예진도 한중 양국의 큰 인기를 얻으면서 스타덤에 올랐다. 박찬욱 감독의 〈올드보이〉 또한 제24회 홍콩영화제 최우수 아시아영화상 및 제57회 칸 영화제 황금 종려상을 동시에 수

표 1 홍콩에서의 한국 영화 개봉 상황표

구분	영화 제목	감독	유형	상영 시기	홍콩에서의 수상 상황	비고
1	엽기적인 그녀〈我的野蛮女友〉	곽재용	사랑/코미디	2002.02.21	제22회 홍콩영화 금상장 아시아영화상	
2	내 여자친구를 소개합니다〈野蛮师姐〉	곽재용	사랑/코미디	2004.06.03		안락영화유한회사가 제작 및 배급에 참여
3	공동 경비구역 〈共同警备区〉	박찬욱	전쟁	2002.01.03	제22회 홍콩영화 금상장 최우수 아시아영화상(후보)	
4	클래식〈假如爱有天意〉	곽재용	사랑	2003.08.07	제23회 홍콩영화 금상장 최우수 아시아영화상(후보)	
5	쉬리〈生死谍变〉	강제규	액션/미스터리	2000		
6	친구〈朋友〉	곽경택	범죄	2002.01.17		
7	실미도〈实尾岛〉	강우석	액션	2003.12.24		한국 영화 사상 첫 천만 관객 돌파
8	조폭 마누라〈我的老婆是大佬〉	조진규	액션	2002.04.04		
9	킬러들의 수다〈杀手公司〉	장진	액션	2002.05.09		
10	살인의 추억〈杀人回忆〉	봉준호	범죄	2004.03.04		
11	집으로〈爱·回家〉	이정향	가족	2003.05.30	제22회 홍콩영화 금상장 최우수 아시아영화상(후보)	
12	올드보이〈老男孩〉	박찬욱	범죄	2004.10.14		
13	내 머리 속의 지우개〈我脑中的橡皮擦〉	이재한	사랑	2005.06.02		
14	8월의 크리스마스〈八月照相馆〉	허진호	사랑	1999.09.30		
15	해피엔드〈快乐到死〉	정지우	에로	1999.12.11	제21회 홍콩영화 금상장 최우수 아시아영화상(후보)	
16	비천무〈飞天舞〉	김영준	무협	2001.02.22		

데이터 출처: 홍콩 스크리닝 네트워크

상하였다.[12] 2000년부터 2004년까지 한국 영화가 홍콩에서 4년 연속 최우수상을 받은 것은 홍콩에서의 한국 영화의 인기를 설명해 준다.

2) 홍콩을 통한 한국 영화의 중국 대륙 전파

한국 영화가 홍콩에서 큰 성공을 거두게 되면서 점차 중국 본토로 시장을 옮겨갔고 중국 관객들도 한국 영화와 한국 감독들에게 관심을 갖기 시작하였다. 〈엽기적인 그녀〉와 〈내 머리속에 지우개〉, 〈올드보이〉 등 한국 영화가 홍콩에서 상영하고 수상하면서 중국 대륙 시청자들도 언론 보도를 통해 한국 영화를 알기 시작하였다.

2000년부터 2004년까지는 불법복제 VCD/DVD가 만연하던 시기였다. 홍콩에서 상영된 한국 영화는 곧바로 해적판 DVD를 통해 중국 대륙에 유입되었고 인터넷이 보급되면서 일부 네티즌들은 온라인으로 한국 영화를 볼 수 있게 되었다. 2000년대 초 중국 대륙에서 가장 영향력이 있는 한국 영화 장르는 청춘 멜로 코미디였다. 미남미녀 주인공들의 청춘 사랑 이야기는 중국 대륙 젊은이들이 가장 쉽고 빠르게 수용할 수 있는 예술이었다. 한국 온라인 작가 귀여니의 소설 〈그놈은 멋있었다〉는 연재 두 달 만에 평균 조회 수 8만 건을 넘었고 소설책도 200만 권 이상이 판매되었다. 이 인터넷 소설을 바탕으로 각색한 영화가 한국에서 상영되었고 송승헌과 정다빈이 주인공으로 발탁되었다. 그해 여름 이 영화는 동남아, 중국 홍콩 및 타이완 시장을

---

12 홍콩영화제는 홍콩영화 어워즈 협회가 1982년에 설립한 영화상으로 중국 골든 로스터 어워즈(Golden Rooster Awards), 타이완 골든 호스 어워즈(Golden Horse Award)와 함께 중국어 영화 3대 상으로 불린다.

휩쓸었고 〈엽기적인 그녀〉를 능가하는 성공을 거두었다.[13] 베이징 페가수스 엔터테인먼트 사장 쑨잰쥰(孙健君)은 귀여니 작가와 〈그놈은 멋있었다〉의 저작권 구입 계약을 체결하였다. 2007년 이 인기 소설을 바탕으로 톈위투자회사(天娱投资公司)가 드라마를 제작하였고 당시 중국에서 최고 인기를 누리던 연예인들이 출현하였다. 〈그놈은 멋있었다〉를 비롯한 청춘 아이돌 영화를 시작으로 〈클래식〉, 〈가을동화〉, 〈천국의 계단〉 등 작품들이 중국 대륙을 강타했고 80세대에 상당한 영향력을 행사하였다. 청춘 로맨스 스토리에서 파생된 청춘 캠퍼스 19금 영화도 인기를 끌었다. 2002년 한국의 대표적인 19금 영화 〈색즉시공〉은 VCD/DVD를 통해 중국 대륙에 전파되었다. 과장된 코미디와 이국적인 감성 표현 방식, 섹시하고 자극적인 연출로 청년들 사이에서 사랑 계몽 영화가 되었다. 영화 여주인공 하지원도 '섹시하고 과감'한 이미지를 얻어 성공적으로 데뷔하였고 중국 남성들이 가장 좋아하는 한국 여자 배우가 되었다. 24살에 불과한 하지원은 '대한민국 베스트 포토상'을 받았고 조연인 함소원까지 중국에서 이름을 알리게 되었다. 그는 장나라와 함께 베이징, 톈진 등에서 공연을 하였을 뿐만 아니라 중국에서 성형 및 다이어트 제품 광고까지 촬영하였다.

한국 청춘 멜로 코미디가 중국에서 인기가 많을 수 있었던 것은 여러 요인이 있는데 그 주된 이유는 심리적인 요인일 것이다. 2000년대 초 IMF와 중국 사회의 급속한 발전으로 인하여 젊은 층의 생활 압력이 가중되면서 대부분 사람들이 환상적인 연애와 생활 그리고 코미디가 주는 즐거움에 눈길을 돌렸다. 특히 항상 더 나은 삶을 갈망하고

---

13 SOHU 엔터테인먼트, "〈그놈은 멋있었다〉 2004년 동남아 하기(夏期) 영화 시장을 휩쓸다", YULE.SOHU.COM, 2004년 7월 15일, 12:08.

완벽한 사랑을 꿈꾸는 사람들의 경우 아름다운 멜로 영화는 그들의 마음의 안식처가 되었던 것이다. 경제 사정이 넉넉지 못했던 중국 본토에서 청춘 로맨스 영화의 영향을 가장 많이 받은 그룹은 서민 가정 출신의 여고생이나 공장에 취직한 지 얼마 안 된 노동자들이었다. 영화는 시대의 산물이고 그 시대의 다양한 요구를 반영하는 것이다. 청춘, 멜로 소재의 영화도 경제 발전을 이룩하지 못한 시대적 배경에서 관중들의 심리적, 문화적 요구를 충족시킨 것이다.

영화 이외에 감독들도 중국 관중들의 관심을 받았다. 김기덕, 이창동, 박찬욱, 봉준호 등 한국 감독들이 국제영화제에서 수상하면서 관련 뉴스가 연일 보도되었다. 중국 관중들도 한국 감독들에 대하여 알아가기 시작하였고 심지어 일부 감독들은 중국 문학청년들의 우상이 되었다. 2002년 5월 27일 중씬왕(中新网)은 "김대중 대통령, 칸 영화제에서 수상한 임권택에게 축하 메시지 전달"이라는 뉴스를 보도하였다. 임권택 감독은 제55회 칸 영화제에서 〈취화선〉으로 베스트 감독상을 받았는데, 이는 2000년 〈춘향전〉이후 한국 감독으로는 두 번째로 이 상을 수상하였다. 2002년 왕이 엔터테이먼트(Net ease)는 "이창동 감독이 영화 〈오아시스〉를 통해 제57회 베니스 국제영화제 페스티벌에서 베스트 감독상을 받았다"고 보도하였다. 또한, 2004년에는 김기덕 감독이 〈사마리아〉를 통하여 베를린 국제영화제에서 베스트 감독상을 받았다. 베니스, 베를린, 칸 등 3대 세계 영화제에서 한국 감독들이 수상한 것은 중국뿐만이 아니라 전 세계를 놀라게 하였고 한국 영화의 비약적인 발전을 세상 사람들에게 알렸다. 2004년 5월 23일, 중국 중앙 방송 영화 채널 〈세계영화여행〉이라는 프로그램에서 제57회 칸 영화제에서 박찬욱 감독이 〈올드보이〉를 통해 심사위원상을 수상한 전 과정을 보도하였다. 씬랑(Sina) 엔터테인먼트도 한국 영화 〈올드보이〉의 박찬욱 감독, 최민식 배우와 유지태 배우의 수상을 보도하였다. 연이은 수상은 한국 감독들이 중국에서 좋은 평판과 인기를 얻을 수 있게 하였다. 이후 김기덕 감독은 단독으로 3대 영화제에서 수상하게 되고 중국 CCTV에서는 《조선일보》에서 보도한 "한국 감독 김기덕 칸 영화제 수상 — 3대 영화제 여한이 없다"라는 사실을 그대로 전했다.

한국 감독들이 중국에 알려지면서 그들이 지니고 있던 사상과 가치도 함께 중국에 전파되었다. 한국 감독의 사상이 전파될 수 있는 채널은 온라인 사이트였다. 'Douban 영화', '1905 영화 사이트'에는 한국 영화 팬들이 집결되었고 사이트를 통하여 한국 감독들의 사상으로부터 영향을 받았다. 'Douban 영화'는 체계적인 시스템을 갖추어 중국 국내에서 가장 권위가 있는 영화 평론 사이트이다. 'Douban 영화' 책임자인 황푸젠(黃福建)은 "'Douban 영화'는 영화 소개, 티켓 예매, 영화 관람, 관람 후기 작성을 한꺼번에 할 수 있는 시스템이 마련되어 있다"고 말했다. 2002년 이창동 감독의 〈오아시스〉는 평점은 8.6점, 리뷰 수는 39,925개였다. 네티즌 Ryeland의 "제도하의 오아시스는 어디에 있는가"라는 댓글을 보고 관중들이 "산업 사회하에서 권력이란 무엇인가"라는 질문을 사고할 수 있도록 유도하였다. 〈집으로〉는 평점 9.1점, 리뷰 수 74,794개로 2000년 초 중국에서 평점이 가장 높은 한국 영화였다. 영화는 "세상 모든 외할머니에게 바친다"라는 메시지를 전달하였는데 한국 영화에서 보여준 가족들 간의 애정은 동방 문화에서 가장 중요한 내용이고 전 세계의 보편적인 가치관이다. 허진호의 〈8월의 크리스마스〉에서는 사망 통보를 받은 한 남자의 따뜻한 사랑 이야기를 그렸다. 'Douban 영화' 평점 8.0을 기록하였고 관객들은 54,313건의 감상평을 남겼다. 철학적 이성과 예술적 감성을 교묘

하게 융합한 허진호 감독의 독특한 스타일, 내향적인 성격, 자연스럽고 아름다운 영상 제작 스타일 등으로 한국 영화 감독 중 가장 동방의 품격을 지닌 인문 감독이라고 불린다. 이어 〈봄날〉, 〈외출〉 등 영화를 연이어 제작하면서 허진호 감독도 한국 영화 감독계에서 중요한 지위를 차지하게 되었다. 김기덕 감독의 〈봄 여름 가을 겨울 그리고 봄〉은 'Douban 영화' 평점 8.5를 기록하였고 10만 명 이상의 네티즌들이 감상평을 남겼다. 영화는 불교 사상을 전달하고자 하였다. 이 영화에서 그려낸 대문은 '불교의 문'이다. '불교의 문'은 항상 사람들에게 열려 있지만, 속세를 내려놓지 못하면 그 안으로 들어갈 수 없다. 담백한 산수화 영화 풍경과 불교 사상 요소를 활용함으로써 한국 감독들은 중국 관객과의 문화적 격차를 좁혀갔다. 중국 온라인 네티즌들의 한국 감독과 영화에 대한 평론은 한국 영화가 중국 시장에 진출하게 될 수 있는 촉매제가 되었다.

3) 변화원인 분석

한국 영화가 초기에 홍콩에 진출하고 다시 홍콩에서 중국 대륙으로 진출한 원인은 다음과 같이 분석할 수 있다. 첫째, 한국과 홍콩 간의 교류가 긴밀하였다. 한국 영화와 홍콩영화는 1980년대부터 교류가 시작되었고, 한국과 중국 본토와의 영화 교류는 1992년 양국 수교 이후 점진적으로 추진된 것이다. 따라서 한국 영화가 중국 시장에 진출하기에 가장 유리한 지역은 홍콩일 수밖에 없다. 둘째, 2000년대 홍콩 시민의 생활은 이미 상당한 수준에 도달하여 정신적, 문화적 수요를 추구하기 시작한 시점이었다. 홍콩 엔터테인먼트 사업도 이에 부응하여 발전하기 시작하였고 한국 영화는 이 추세를 따라 홍콩 시민들의 수요를 만족시킬 수 있었다. 셋째, 1997년 홍콩 반환 이후 홍콩과 대륙의 교류가 활발해졌다. 홍콩의 엔터테인먼트 사업이 중국 본토에 성공적으로 진출하게 되면서 한국 영화도 함께 대륙에 진출하였다. 넷째, 영화 작품을 포함하여 한국과 홍콩의 엔터테인먼트 사업의 상업성과 예술적 가치가 당시 대륙 사람들의 심미적 수준에 적합하였다. 당시의 중국 본토의 엔터테인먼트 사업은 홍콩에 비해 산업 수준이 비교적 낮아 본토 시장에 진출할 수 있게 되었던 것이다.

2. 합작 시대: 합작기(2005~2015)

2005년을 합작기의 시작점으로 설정한 이유는 다음과 같다. 첫째, 2000년대 초 한류가 대륙에 급습하면서 〈엽기적인 그녀〉, 〈살인의 추억〉 등 영화는 중국 관객들에게 높은 인기를 얻었다. 단편 영화의 평론 횟수는 50만 회 이상을 넘었고 한국 영화가 중국에 진출한 이후 첫 정점에 도달하였다. 그러나 이후 중국 시장은 냉철하게 한국 영화를 받아들였고 2005년을 시작으로 한국 영화가 중국 시장 진출의 안정기에 돌입하게 되었다. 둘째, 2005년 이후 중국은 한국과 자금, 기술 협력을 통한 영화 산업 발전 방향을 모색하였으며 이는 한국 영화의 중국 시장 진출의 새로운 변화를 일으켰다.

2005년 이후 한국 영화가 중국에 진출하는 주요 경로는 합작 제작, 리메이크 및 영화 전시 등으로 다양하게 발전하였다. 합작 제작 촬영도 단순한 인원과 장소 교체가 아니라 자금, 대본, 배급, 제작 등 여러 측면의 교류로 발전하였다. 한중 합작 영화 제작을 통해 더 많은 한국 영화가 중국 대륙에 상영되었다. 베이징을 중심으로 한중 합작 영화와 한국 고전 영화가 중국 본토에서 많이 상영되기 시작하였고 한중 공동제작의 급물살을 타고 한국 영화도 중국에서 전성기를 맞이하게 되었다. 이 시기 한국과 중국 영화 교류는 황금기를 맞이하게 되었다. 또한, 일방적인 한국 영화의 진출이 아니라 양국간의 상호 협력 시기였다.

1) 합작 영화 상황

① 한국과 중국 합작 1.0 시대

한국과 중국 영화 합작 과정은 세 단계로 나누어 볼 수 있다. 2000~2004년 한국과 중국 합작의 첫 시도 기간으로서 한중합작 1.0 시대로 볼 수 있다. 이 시기는 단순한 인원 교류 및 촬영 장소 공유를 위주로 하였다. 2000년 항일전쟁을 주제로 한 영화 〈아나키스트〉는 한국이 단독으로 투자하고 한국측 감독이 촬영하고 작가가 각본을 쓴 첫 한중 합작 영화이다. 그러나 영화의 내용은 중국의 역사나 문화와는 관련없고, 영화의 장소가 상하이로 선정됐을 뿐이었다. 한편 2000년 한국 김영준 감독의 〈플라잉 댄스〉는 처음으로 중국과 관련된 줄거리로 중국에서 촬영한 한국 영화다. 영화 내용 배경은 중국 원나라 시대에 고려 청년과 몽골족 공주 간의 사랑 이야기를 담아낸 영화다. 김영준 감독은 어릴 적부터 홍콩 무협 영화를 보면서 성장하였기 때문에 이 영화의 음향 효과와 미술 디자인에 자연스럽게 홍콩 무협 영화의 모습이 녹아있었다.[14] 이 영화에서 한국 무협 영화와 홍콩 Shaw Brothers

---

14 李智慧,『乱花渐欲迷人眼: 论类武侠电影』, 허베이대학교 석사 학위 논문, 2008.

Limited가 상호 영향을 받은 내용을 볼 수 있으며, 획기적인 영화라고 해도 과언이 아니다. 2001년 〈무사〉는 명나라를 배경으로 하였고 베이징 영화제작사와 한국 CJ엔터테인먼트가 공동으로 배급하였고 중국 배우 장쯔이(章子怡)와 한국 배우 정우성이 함께 출연하였다.

표 2 한중합작 영화표(2000~2004)

구분	영화 제목	유형	상영 시기	합작 영화 형식 설명
1	내 여자친구를 소개합니다 〈野蛮师姐〉	코미디/사랑	2004	홍콩/ 한국 합작 감독 한국, 각본 한국
2	무사 〈武士〉	무협	2001	대륙/ 한국 합작 감독 한국, 각본 한국
3	2009 로스트메모리즈	액션	2002	일본/ 한국 합작 감독 한국, 각본 한국
4	칠검 〈七剑〉	무협	2005	대륙/ 홍콩/ 한국 감독 홍콩, 각본 홍콩
5	비천무 〈飞天舞〉	무협	2000	한국/ 대륙/ 홍콩

데이터 자체 구성

한중합작 1.0 시대는 엄밀히 말하면 한중 영화 합작 시기라고 보기 어렵다. 이 시기는 주로 양국 영화가 첫 만남을 가지며 향후 실질적인 합작을 준비하는 시기라고 볼 수 있다. 따라서 1.0 시대는 한국과 중국 합작의 기초 단계로 당시 제작한 영화는 '합작'이라는 수식어를 붙이기에는 다소 무리가 있다.

② 한국과 중국 합작 2.0시대

2005년부터 2014년까지 한중 협력은 긴밀한 교류를 진행하는 2.0시대에 들어섰다. 이 기간의 첫 번째 특징은 자금과 기술 협력이다. 이 시기에는 한국의 기술, 배우, 감독 이외 한국의 자금이 중국 시장에 투입되기 시작하였다. 〈三国之见龙卸甲〉 제작 자금을 보면 한국과 중국이 공동으로 2억 위안을 투자하였고, 2005년 영화 〈주먹이 운다〉는 중국 기업에 투자받아 제작된 첫 번째 한국 영화이다. 중국의 투자사 쫑보우(中博) 미디어가 이 영화를 배급하였고 2005년 7월 15일 중국 각 대도시에서 상영하였다. 2006년 한중 영화 전시회에 양국 합작 영화 〈중천〉이 자주 언급되었다. 이 영화는 100% 한국 CG 기술로 제작되었고 한국과 중국 영화계의 높은 평가를 받아 "한국 영화의 새로운 시대를 열어 주는 사극 판타지의 대작"이라고 불릴 정도였다. 2006년 〈목공〉도 마찬가지로 양국 협력의 대작이라고 볼 수 있다. 중국 춘추시대의 전쟁터를 배경으로 한 이 영화는 전차, 장갑 등 촬영 도구가 완벽하게 갖추어져 있었으며 500필의 말과 1100명 이상의 인원이 투입된 대규모 전쟁 장면은 십여 일간 촬영이 지속되었다. 이후 2007년에는 펑쇼우강(冯小刚) 감독의 〈집결호〉를 통하여 한중합작의 새로운 포맷을 만들어 기술 협력이 양국 협력의 중심이 되었다. 이 영화에 사용된 특수 촬영팀은 〈태극기 휘날리며〉 촬영팀으로 한국 특수 촬영도 중국 시장에 진출하게 되었다. 즉 인원, 기술, 자금 협력이 보편화되면서 한국 특수 효과 촬영팀도 중국 시장에 참여하게 되었다. 베이징 완미시공유한회사, 한국 CJ 엔터테인먼트회사, 베이징 태화영상투자회사가 공동으로 투자하고 제작한 코미디 영화 〈소피의 연애 메뉴얼〉이 2009년 8월 14일에 한국과 중국에서 동시 상영하였다. 이는 양국이 동시 상영하는 첫 영화로서 한국은 시사회는 물론 여주인공 장쯔이가 한국을 방문하여 영화홍보에 힘썼다.

한중합작의 두 번째 특징은 한국 감독들의 중국 시장에 대거 진출하여 양국 감독 간의 교류가 빈번해진 것이다. 한국의 발전된 영화 스타일로 중국 시장 진출을 확대하려는 것이 한국 감독의 주요 목적이었다. 예를 들면 안병기 감독의 공포영화 〈분신사바〉 시리즈, 오기환 감독의 사랑 영화 〈이별 계약〉 등은 중국에서 우수한 성적을 거두었다. 2011년 한국 유명 감독인 곽재용이 상하이 영화제에 참석하였고 허진호, 강제규, 김기덕 등 감독도 중국 시장에 많은 관심을 보였으며 곽재용과 허진호 감독은 중국 쫑보우 미디어와 계약까지 체결하였다. 허진호 감독의 첫 한중 합작 영화 〈위험한 관계〉는 홍콩 배우 장국영을 추모하기 위해 제작한 것이다. 허진호 감독은 “장국영의 유언을 완성하고 장국영을 추모하기 위하여 〈위험한 관계〉를 제작하였다”라고 하였다. 2012년 7월 25일 한중감독 간 협력의 편리성과 양국 영화의 교류와 합작을 추진하기 위하여 베이징 한국 영화센터에서 “한국과 중국합작 프로젝트 협의회”가 열렸다. 한국영화진흥위원회에서 투자하여 중국 베이징에 ‘한국영화센터’를 설립하고 양국 감독들을 위한 교류의 장을 마련하였다. 2013년과 2014년에 한국과 중국이 합작한 영화 수량이 급증하였다. 2013년에 상영한 한국 영화 〈톱스타〉, 〈이별 계약〉, 〈뽀로로의 슈퍼썰매 대모험〉, 〈도둑들〉 모두 한중이 공동 제작한 영화이다. 2014년에는 총 8편의 한국 영화가 상영되고 이 중에 네 편의 영화 〈길 위에서〉, 〈연애의 발동〉, 〈원령〉, 〈석곡란〉은 양국이 공동으로 제작한 영화이다.

10년간 한중 영화 협력은 황금기에 진입하였고 한국 영화의 중국 시장 전파에 영향력을 발휘하였으나 문제점도 존재하였다. 평론계 데이터에 의하면 2005~2014년 양국이 합작한 영화는 14편이고 총 수익은 13억 위안으로 시장 규모에 비해 매출액이 높지 않았다. 14편 영화 중 제작 연도 분포도 균일하지 않으며 2013~2014년에 집중되었고 일 년에 한 편만 공동 제작한 해도 있었다.

③ 한국과 중국 합작 3.0 시대

2014년 7월, 한국과 중국은 〈한중 영화 합작 협정〉을 체결하고 한국과 중국에서 합작한 영화는 중국 국산 영화와 같은 혜택을 받고 수입 영화의 배정 제한을 받지 않게 되었다. 본 협정은 한국과 중국 합작이 3.0시대에 들어선 것을 보여준다고 할 수 있다. 한국과 중국합작은 빠르게 발전하기 시작하였고 한국과 중국영화 교류가 절정에 이르게 되었다. 2014년 〈엽기적인 그녀 2〉는 협정 체결 이후 공동 제작한 첫 영화이다. 2015년 천정도우(陈正道) 감독이 지도한 〈20세여, 다시 한번〉은 매출액 3.6억 위안에 달하며 한중 합작 영화 매출 신기록을 세웠다. 또한 '하나의 시나리오로 두 개를 찍는'〔一本两拍〕 새 모델을 도입하고 영화의 본토화를 실현하였다. 같은 해 〈암살〉, 〈나쁜 놈은 반드시 죽는다〉, 〈제3의 사랑〉 등이 연이어 상영되었다. '2016 중국 영화 포럼'이 중국 베이징에서 개최되면서 중국 궈슬(果实) 영화 회사와 한국 문화 저작권 거래소가 〈한중 문화 전략 합작 협의〉를 체결하였다. 양국은 문화 투자 펀드, 영화/영상 저작권, 영상 제작, 대본 공모 등 분야에서 강화된 협력을 진행하기로 하였다. 〈안중근 의사〉, 〈외공방령 38〉, 〈불청객〉 등 한중 합작 영화도 상영되면서 2016년에 많은 한중 합작 영화가 대중들에게 선보이게 되었다.

〈한중 영화 합작 협정〉이 체결된 이후 양국 합작 영화는 다음과 같은 몇 가지 변화가 일어났다. 첫째 한중 공동제작 영화 수량이 많이 증가하였고, 한중 공동제작 영화의 흥행 기록도 경신되었다. 〈20세여, 다시 한번〉은 3.6억 위안의 매출을 달성하였으며, 현재까지 이 기록을 깬 영화는 없다. 둘째, '공동제작 영화'에 대해 엄격히 정의하였다. 중국 국가광전총국 부국장인 장페이민(张丕民)이 영화 채널 토론회에서 "공동제작 영화는 협력 영화의 모든 요인이 갖춰져야 한다. 단순히 중국 회사가 일부 자금을 투자하거나 심지어 투자도 하지 않은 영화를 합작 영화라고 할 수 없다. 또한, 일부 중국 요소를 도입한다고 합작 영화라고 보기도 어렵다"고 지적하였다. 중미 영화 공동제작 규정에 따르면 중국 투자가 자본금의 3분의 1 이상을 차지하고 중국 배우가 주연을 맡고 일부를 중국에서 촬영해야 한다는 것이다. 〈한중 영화 합작 협정〉도 중미 영화 합작 협의의 조항이나 국제관례를 참고했을 것으로 보인다. 셋째, 단순 자금과 기술 협력에서 문화, 자원, 자본, 시장 등 전 영역에서의 협력으로 전환되었다. 이 중 자원 협력은 주로 양국의 감독, 배우, 기술자, 후기 작업을 가리키며 이미 체계적으로 발전해

표 3 한중 영화협정 이후 중국 대륙에서 개봉한 합작영화(2015, 2016)

구분	영화 제목	감독	유형	상영 시기
1	내가 증인 〈我是证人〉	안상욱	범죄	2015.10.30
2	외할아버지의 방년 38세 〈外公芳龄三十八〉	안병기	코미디	2016.11.11
3	허니문 호텔 살해 사건 〈蜜月酒店杀人事件〉	장철수	범죄	2016.05.27
4	꿈. 동업자 〈梦想合伙人〉	장태유	사랑	2016.04.29
5	나의 새로운 엽기적인 여자친구 〈我的新野蛮女友〉	조근식	코미디	2016.05.05
6	그래서 나는 안티팬과 결혼했다 〈所以和黑粉结婚了〉	김제영	사랑	2016.06.30
7	여름에는 교목아망천국이 있다 〈夏有乔木雅望天堂〉	조진규	사랑	2016.08.05
8	상금 사냥꾼 〈赏金猎人〉	신타이뤄	코미디/범죄	2016.07.01
9	그 미치도록 작은 걸 사랑이라고 〈那件疯狂的小事儿叫爱情〉	저우션	코미디/사랑	2016.08.05
10	경천대반전 〈惊天大逆转〉	리쥰	범죄	2016.07.15
11	슈퍼택배 〈超级快递〉	숭쇼우	코미디	2016.12.02

데이터 출처: 중국영화상영협회

왔다. 문화 협력은 양국 공동 문화의 전통 속에서 양국 국민이 모두 공감대를 형성할 수 있는 문화 요소를 발굴해야 한다는 것이다. 문화 협력이 있어야만 양국 모두의 관객들에게 인정을 받을 수 있기 때문이다. 예를 들어 〈안중근 의사〉는 항일전쟁을 주제로 한 양국이 공동 제작한 획기적인 영화로서 중국과 한국이 모두 수용할 수 있는 항일 소재를 활용한 것이다. 자본 협력은 한중 양국이 서로의 프로젝트에 투자할 수 있음을 의미하고 자본 협력이 시장 협력을 추진하게 된다. 그러므로 시장 협력이 강화되면서 향후 한국과 중국도 미국, 캐나다처럼 시장 일체화를 실현하고 영화 산업 시스템을 보완할 수 있을 것으로 전망된다.

2) 영화 전시회 상황

① 한국 영화 전시회

'한국 영화 전시회'는 한국 영화 전시를 의미하는 포괄적인 개념이 아닌 영화 행사 전시회를 말한다. 영화 전시회는 2004년을 시작으로 2015년까지 10여 년간 개최해왔다. 개최시간이 가장 이르고 영향력이 가장 큰 전시회는 중국 영화 그룹과 한국 영화 진흥위원회가 공동으로 주관하는 '한국 영화 전시회'이다. 베이징을 중심으로 한 이 영화 전시회는 점차 중국 전역으로 확대되었고 2004년 12월부터 일 년에 한 번 개최되었다. 매년 10편 영화가 전시되며 2020년까지 총 150편의 한국 영화를 방영하였다. 한국 영화의 중국 진출에 적극적인 역할을 하였다. 2004년 제1회 '한국 영화 전시회' 에는 한국 감독 강제규, 김기덕, 이한, 김용화, 한국 배우 이은주, 차태현, 장서희, 장신영 등으로 구성된 대표단이 참석하였다. 제1회에 전시된 영화는 〈형제〉,

〈클래식〉, 〈어린 신부〉, 〈연애소설〉, 〈봄 여름 가을 겨울 그리고 봄〉, 〈원더풀 데이즈〉, 〈말죽거리 잔혹사〉, 〈오아시스〉 등 12편이다. 2003년 홍콩에서 상영된 〈클래식〉을 제외하면 모두 처음으로 중국 대륙에서 상영한 것이다. '한국 영화 전시회'가 개최된 것은 한국이 홍콩이 아닌 중국 대륙과 직접적인 교류를 하기 시작한 것으로 볼 수 있다. 첫 전시 기간은 3일 정도였으며 한국 영화는 '배우와 대작'의 구성으로 중국 영화계를 놀라게 하였다. 전시회 이후 '한중 영화 최고위급 포럼'이 개최되어 양국 정부 문화 관계자, 영화 산업 연구원과 영화계 각 분야 인사들이 참석하였고 한중 영화 협력 및 교류 관련 사항을 논의하였다.

2005년 제2회 '한국 영화 전시회'는 중국 쓰촨성에서 개최되었고 전시 기간도 3일에서 5일로 연장되었다. '청춘 로맨스 영화'를 주제로 진행되며 안재욱, 장나라 등 한국 인기 스타들이 전시회에 참석했다. 그러나 전시 영화가 적고 당시 인기 배우인 전지현과 손예진은 전시회에 참석조차 하지 않았다. 2006년 전시회 개최지는 다시 베이징으로 옮겨지고 전시 기간도 8일로 연장되었다. 이번 전시회의 가장 큰 변화는 한중 양국 최고층 영화관리부서가 조직되고, 중국 국가방송영화 TV 총국 영화관리국과 한국 영화진흥위원회 주관하였다. 또한, 한국 CJ엔터테인먼트에서 주최하고 베이징 신영화 연합 협회에서 협조하며 역사적인 의미를 부여하였다. 2010년 한국 영화 전시회의 가장 큰 변화는 개최 지역이 하나에서 베이징, 충칭, 하이난 등 세 개 도시로 확대된 것으로 중국 지역의 절반을 커버하였고 전시 영화도 12편에서 20편으로 늘어났다. 2011년 10월에는 한국 영화 전시회 이외 5월에 우한에서 한 차례 전시회를 추가로 진행하였다. 10월 전시회보다 규모가 작고 전시된 영화도 5편밖에 안 되었지만, 이번 전시회를 통하여 한국 영화가 중국에서의 보급에 유리하게 작용하게 하였다.

2012년은 '한국 영화 전시회'에서 가장 중요한 해가 되었다. 2012년 8월 28일 한중 수교 20주년을 맞이하여 '내 마음속에 새겨진 한국 영화'라는 주제로 8월 29일부터 9월 8일까지 베이징에서 전시하였고 9월 12일부터 16일까지 상하이에서 개최하였다. 전시 영화도 기존과 달리 관객들의 의견을 받아들여 〈연가시〉, 〈건축학개론〉 등 최신 영화를 방영하였다. 2014년의 전시회에서는 인기 영화가 아닌 주제를 유형별로 전시하는 방향으로 전환하였다. 예를 들어 블럭버스터 시리즈인 〈타워〉, 〈감기〉, 〈스파이〉, 로맨스 작품인 〈연애의 온도〉, 〈피 끓는 청춘〉, 〈내 아내의 모든 것〉, 〈남자가 사랑할 때〉 등 작품이 있었다.

한국 영화 전시회는 한국 영화가 지닌 독특한 문화 가치 관념을 홍보할 수 있을 뿐만 아니라 한중 영화 합작의 영향력도 확대할 수 있었다. '한국 영화 전시회'를 비롯한 대형 전시회 이외 한국 10월 문화제 — 한국 영화 상영, OTT에서 개최된 한국 영화 전시도 있다. 예를 들면 2014년 YOUKU/TUDOU OTT에서 조직한 '한국 영화 온라인 전시'는 한국 영화 50편을 단독 방영하였다. 2014년 중국 인민대외우호협회와 한국 CJ엔터테인먼트가 공동으로 개최한 '한중 청년 드림 미니 영화 전시회' 도 한중 양국 젊은 영화 관계자를 위하여 전시와 교류의 플랫폼을 제공하였다.

② 한국과 중국 영화제 및 교류 행사

한중 영화제는 한중 영화 전시회보다 규모가 더 크고 영화 전시회의 연장이라고 볼 수 있다. 2014년부터 개최된 '한중 국제영화제'는 한중 문화 교류와 영화계의 교류 협력을 촉진시키고 한중 영화 문화의 융합과 창의를 위해 새로운 플랫폼을 마련하였다. '한중 국제영화제'는 한국 영화를 전시한 이외에도'한중 국제영화제 유니버설 모델

선발 대회'(모델 선발에서 수상하면 연예계에 진출할 기회가 제공되었다) 등 다양한 테마 행사도 공동으로 개최하였다. '한중 국제 단편 영화제' 참가작은 중국 온라인 동영상 플랫폼을 통해 방송되었고'한중 영화 사랑 클럽'은 영화를 사랑하는 300여 명의 유명 여성 팬으로 구성된 팬클럽이다. 2015년 이후 한중 영화 교류는 '한중 영화 대본 포럼', 'CJ 드림 교실', '한중 영화인 교류회' 등 다양한 영화 행사로 세분화하였다.

표 4 제1회 한중 국제영화제 수상자 명단

최우수 작품상	부산행
한국 영화 공로상	송강호, 이병헌
최우수 감독상	황동혁
최고 인기 한류 스타상	송혜교, 장동건
심사위원 특별상	송승헌
한류스타상	추자현
글로벌스타상	Nicolas Cage
중국 영화 공로상	펑쇼우강(冯小刚)
신인 감독상	윤가은
기술부문상	Demolition
청년 연기자상	슈바이쑈(徐白晓), 두쇼우제(杜晓洁), 루어빈(罗斌)
개인 부문상	이지윤, 두성희(杜诚姬)
기술부문상	degetal idier
최우수 다큐멘터리	왕번(王犇)

데이터 출처: 바이두 백과사전

③ 상영 현황 분석: 전시 상영과 개봉 상영의 격차 원인

이상과 같이 전시회의 흥행에도 불구하고 전시 상영 영화와 실제 중국에서 개봉된 영화에는 흥행 격차가 존재하는데, 그 이유는 다음과 같다. 첫째 한국 영화는 여전히 중국에서 보편화되지 못하였다. 중국

상업 TV 시장이 할리우드 영화를 선호하는 경향이 여전히 우세하였다. 최근 몇 년간 한국 영화가 아시아를 넘어 해외로 진출하였지만, 투자자의 입장에서는 한국 영화가 '틈새 집단'으로 인식되어 매년 상영할 기회가 적었다. 중국 주요 도시의 젊은 세대들이 영어 영화를 보는 데에는 자막이 없어도 가능하지만, 한국 영화는 자막을 보면서 관람하기 때문에 관람 효과가 떨어질 수밖에 없다.

둘째, 한국 드라마는 대부분 무료로 시청할 수 있다. 한국 드라마는 중국어 더빙이 잘 되어 있어 중국 시청자들이 쉽게 접근할 수 있다. 또한, 한류 스타들도 드라마에 많이 등장하기 때문에 한국 영화의 열성팬이 아닌 이상 시간과 돈을 투자하여 영화관에 가서 관람하는 경우는 드물었다.

셋째, 중국에서 한국 영화 매출 실적이 좋은 편이 아니다. 매년 상영된 영화는 2~3편에 불과하고 관람수도 적어 제작사가 손해를 보는 경우가 많았다. 〈배트맨〉을 압도했던 한국의 재난 영화 〈연가시〉의 감독 박정우는 씬랑 엔터테인먼트와 인터뷰할 때 "이 영화가 중국에서 2000만 위안의 매출을 달성하여 흥행이 부진한 상황이 타파되길 바란다. 〈연가시〉는 한국 젊은 관객들로부터 많은 호평을 받았으며 중국 관객들에게도 공감대를 형성하길 바란다."고 했지만, 최종 매출은 705만 위안에 그쳤다.[15] 한국 인기 드라마 〈별에서 온 그대〉의 남자 주인공 김수현과 여자 주인공 전지현이 출연한 영화 〈도둑들〉은 한국에서 흥행 신기록을 세웠지만, 중국 상영 당시 박스오피스는 2179만 위안밖에 되지 않았다.

---

15 씬랑 엔터테인먼트, "〈연가시〉 젊은 관객층 공략, 박스오피스 2000만 돌파 기대", 2012년 12월 7일.

3. 한한령 시대: 침체기(2017~2020)

2016년 7월 13일 한국과 미국이 사드(THAAD, 고고도 미사일 방어 체계)를 한국 동남부 경상북도 성주군에 설치하기로 결정한 이후 중국인들의 불만을 일으켰다. 2017년 2월 26일 오전 지린성 한국 강남 롯데마트 앞에는 20여 명의 시민이 현수막을 걸고 '한국 롯데 중국에서 철수하라'라는 시위를 하며 사태가 다시 한번 고조되었다. 중국 관광국 정부 사이트에는 '한국 관광 유의, 중국 국민 여행지에 대해 신중히 선택할 것'이라는 공고가 올라왔다. 2017년 제주 국제청소년테니스 대회는 중국 선수 불참으로 영향을 받았고 사드 사건이 체육 분야에까지 파급되었다. 영화 분야에서는 중국 국가광전총국이 공식적인 한한령을 발표하지 않았고 중국 외교부도 한한령을 부인하였지만, 한류가 엔터테인먼트에서의 발전 궤적을 살펴보면 한한령은 실질적으로 존재한 것으로 보인다. 2017년 온라인에서 더 한국 예능 프로그램을 시청할 수 없었고 한국 연예인들도 중국 영화 및 TV 작품과 예능 프로그램에 참여할 수 없었다. 한국 S&M 엔터테인먼트 사장 이수만도 "중국은 한한령을 철회하고 한류의 문을 다시 열어야 한다."고 언급하였다. 2017년부터 한한령이 시행되고 그 구체적 내용은 한국 연예인들의 활동을 제한하고 기존 협력 프로그램을 중단하며 한국 문화산업에 대한 투자도 철회 및 금지하는 것으로 볼 수 있다.

1) 한국 영화 진출의 변화

한한령 배경 아래에서 한국 영화의 중국 전파는 아래와 같은 변화가 일어났다.

첫째, 한국 영화가 중국에서 공식적으로 상영되기 어려운 상황에 부닥치게 되었다. 중국 영화관에서 상영한 한국 영화는 한국 본토 영화와 한중 공동제작 영화이고 2015년 이전에는 한국 본토 영화가 매년 평균 1~2편이 중국에서 개봉됐지만, 2015년 9월 〈암살〉이 중국에서 개봉된 후, 2016년부터 2021년까지 5년간 한국 영화가 중국에 진출하지 못하였다. 한중 합작 영화의 상황도 좋지 않았다. 2014년 한중 양국이 〈한중 영화 합작 협정〉을 체결한 이후 다수 작품이 공동으로 제작되기 시작하였다. 2016년에만 해도 한중 공동제작 영화는 14편 이상에 도달하였다. 그러나 '사드 사건'의 영향으로 2016년 총 8편의 합작 영화가 상영되었지만 개봉된 이후에는 '한중 합작 영화'에서'중국 제작'으로 변경되고 2017년부터 2021년 사이 양국이 공동으로 제작된 영화는 중국에서 상영조차 못했다.

둘째, 한국 영화는 다시 홍콩으로 진출하였다. 한국은 정상적으로 영화를 개봉할 수 있는 홍콩에 눈을 돌리고 홍콩은 다시 한중 영화의 가교 역할을 하게 되었다. 2017년에 한국 본토 영화 총 15편이 홍콩에서 상영되었고 한국에서 흥행한 작품들은 홍콩에서도 상영되며 2017년 이후 매년 평균 20편의 한국 영화가 홍콩에서 개봉하였다.

셋째, 영화 제작에서는 〈한중 영화 합작 협정〉이 체결된 이후 협의된 공동제작 프로그램을 실행하지 못하였다. 유인나, 싸이, Ikon 등 한국 연예인들이 중국 예능 프로그램에 출연했지만, 모자이크 처리가 되거나 옆모습만 방송에 비쳤다. 지창욱이 출연한 〈토네이도 걸 2〉가 방송되었지만, 한한령으로 인하여 지창욱 파트가 모두 삭제되었고 김성주가 출연하기로 한 〈아름다운 그녀〉도 중국 배우 장빈빈(张彬彬)으로 교체되었다. 한국의 하지원, 천정명, 중국 배우 천부어린(陈柏霖)이 출현한 〈치명적 연애〉는 한국과 중국에서 동시 상영을 계획하였지만 결국 한국에서만 상영되었다. 한국 배우 하정우와 중국 배우 장쯔이가 공동 출연 요청을 받았던 중국 영화 〈가면〉도 촬영이 취소되었다. 2016년 한한령 당시 영향을 받은 영화는 10편이었고 연루된 한국 배우는 20여 명이 넘었으므로 한국 영화의 중국 진출에 적지 않은 영향을 미쳤다.

표 5 상영 불가한 한중 합작 영화 리스트

영화 제목	예상 상영 시간
목숨 건 연애 〈致命恋爱〉	2016.04
이상한 동거 〈奇怪的同居〉	2016.06~07
식신 결전 〈峰味江湖之食神决战〉	2017
제어 불능: 유령 스피드카 〈失控: 幽灵飞车〉	2017
비연 〈闭嘴, 爱吧〉	2016 하반기
나는 고양이를 사랑한다 〈我爱喵星人〉	2017
결혼식 일기 〈婚礼日记〉	2015
리얼 〈真实〉	2017.06.28
승낙한 날 〈应许之日〉	2016
조국을 위한다 〈为了祖国〉	2016.10
창애 〈苍崖〉	2017

데이터 출처: 자체 구성

넷째, 한한령 이후 모든 한국 영화의 중국 진출이 전면적으로 금지된 것은 아니었고 한중 영상 문화의 교류, 영화제, 특수 효과 제작, 투자 및 저작권 등 분야에서 낮은 수준의 협력이 유지되고 있었다. 예를 들면 2016년 상하이 국제영화제에서는 오달수 주연의 〈대배우〉를 상영하였다. 그 외 인터넷으로 여전히 한국 영화를 볼 수 있으며 한국 영화는 오프라인이 아닌 온라인을 통해 중국에 '전파'되었다. Ai qiyi, Youku, Tengxun, Hanjuwang, Xiguawang 등 온라인 플랫폼을 통하여 대량의 한국 영화를 시청할 수 있고 또한 'Douban 영화 사이트'에서 한국 영화에 대한 논의가 활발하게 이루어지고 있었다. 2021년 '한중 문화 교류의 해'를 맞이하여 한국 KBS와 중국광전총국이 공감대를 형성하기 위한 협의를 온라인으로 체결하였다. 이 협의에서는 프로그램 콘텐츠, 미디어 기술, 산업 관리 등 분야에서 포괄적인 협력을 추진하고 양국 사이의 인문 교류를 추진하고 우호와 상호 신뢰를 증진하며 한중 전략적 협력 동반자 관계를 발전시키고자 하였다. 한국 아이돌 그룹 EXO 멤버 오세훈 주연 한중 공동제작 영화 〈아애묘성인〉은 3월 14일 화이트 밸런타인데이에 영화관에 상영될 것을 밝혔다. 이 영화는 촬영이 끝난 지 5년이 넘었고 이 영화의 첫 상영이 한한령의 본격적인 해제를 의미하리라 예측되었다. 한한령의 영향으로 인해 한국 영화의 중국 진출이 영화관에서 온라인으로 전환되었다.

2) 한한령 이후 한국 영화의 중국 전파 감소 원인

2016년 이후 한국 영화의 중국 진출이 대폭 감소된 직접적인 원인은 한한령이지만 근본적인 원인은 중국 내 한국 영화의 흥행 부진과 중국 관중들의 한국 영화에 대한 피로도이다. 매출 저하는 한국 영화가 중국에서 수용되기 어렵다는 것을 의미하고 한국 감독들의 중국 진출 시도는 계속 이어졌지만, 결과는 만족스럽지 못했다. 〈엽기적인 그녀〉의 감독 곽재용은 중국에서 〈양귀비〉를 촬영하는 기간에 스태프와 충돌해 결국 촬영팀에서 배제되었다. 〈엽기적인 그녀〉의 주인공 전지현은 중국에서 가장 유명한 한국 여배우 중 한 명이지만 그녀가 출연한 영화의 매출 성적도 좋지 않았고 〈데이지〉, 〈도둑들〉은 모두 흥행을 이루지 못했다. 〈8월의 크리스마스〉의 감독 허진호는 중국 대륙에 진출하기 위해 1억 위안의 거액 투자를 감행하면서 영화 〈위험한 관계〉를 촬영하고 장쯔이와 장바이즈(张柏芝)를 초청하였지만, 중국 국경절 연휴 기간에 방영되었음에도 5000만 위안밖에 안 되는 매출을 올려 2012년 손실이 가장 많은 영화로 뽑혔다. 김세훈 감독의 〈새엄마, 다시 한번 저를 사랑해 줘요〉도 결국 흥행을 이루지 못하고 암울하게 막을 내렸다. '한국 드라마 시청률의 여왕'인 하지원이 2010년에 출연한 〈시크릿 가든〉이 중국에서 〈별에서 온 그대〉 못지않은 폭발적인 인기를 얻었음에도 불구하고 일 년 뒤 하지원이 주연한 영화 〈7광구〉는 결국 박스오피스 2000만 위안밖에 달성하지 못했다. 〈7광구〉가 한국 상영 시간보다 두 달 정도 늦춰졌고 하지원 본인도 베이징을 방문하여 홍보 행사에 직접 참여했음에도 흐름을 바꿀 수 없었다. 이와 비슷한 경우는 전지현과 김수현이 출연한 영화 〈도둑들〉도 마찬가지이다. 〈별에서 온 그대〉를 통하여 엄청난 인기를 얻은 두 배우가 〈도둑들〉에 출연하였지만, 매출은 저조하였다. 물론 박스오피스 1억 위안을 달성한 영화도 몇 개 있었는데 김용화 감독의 〈몬스터〉나 오기환 감독의 〈이별 계약〉이 대표적인 경우이다. 안병기 감독이 제작한 〈분신사바〉도 저렴한 제작비로 1억 위안의 매출을 달성하였고 큰 이익을 남겼다. 〈20세여, 다시 한번〉은 3.6억 위안의 매출 기록을 세웠고 2012년의 영화 〈만추〉는 6655만 위안으로 박스오피스 52위를 차지하였다. 1억 위안이 넘는 영화가 여러 편이 더 있겠지만 중국 시장 규모에 비교하면 성공한 영화라고 보기 어렵다. 특히 현재까지 3.6억 위안의 최고 매출 기록을 깨지 못한 상황을 보면 한국 영화의 중국 진출이 아직도 많은 과제가 남아 있다는 것을 알 수 있다.

흥행 부진의 원인을 분석하면 다음과 같다. 첫째, 정책적 측면에서 가장 큰 원인은 스크린 쿼터 제도이다. 2013년에 총 57편의 해외 영화가 수입되었지만 25편만 상영 허락을 받았다. 그중 13편은 미국 영화이고 12편은 한국 영화 〈도둑들〉, 〈늑대소년〉을 포함한 다른 국가나 지역의 영화였다. 중국 국내에서 원칙적으로 중잉(中影)그룹과 화샤(华夏) 영화 두 회사만이 해외 영화를 수입하고 배급할 수 있는 권한이 있다. 최근 2년간 여러 중국 민간 기업이나 개인도 해외 영화 수입 분야에 진출하였지만 진출 자체보다 더 중요한 것은 중잉 그룹이 해외 영화 개봉에 대한 지표를 제공해 줘야 한다는 것이다. 둘째 영화관의 입장에서 볼 때, 한국 영화 매출 저하의 이유 중 하나는 홍보가 부족한 것이었다. 영화사들은 흥행 전망이 낙관적이지 않은 한국 영화에 더 홍보비를 쓰려고 하지 않았다. 예를 들면 〈늑대소년〉의 저작권과 홍보 비용에 1000만 위안을 지출하였지만 결국 중국 감독 펑쇼우강의 '신년 맞이 영화'의 홍보에 밀리고 말았다. 한국 영화의 경우, 언어의 장벽으로 인해 관객이 한정될 수밖에 없었고 영화의 저작권 이외 투자 비용을 최대한 절약하여야 하는 것이 현실이었다. 영어 영화는 대도시에서 언어 장벽이 존재하지 않다고는 하지만 기타 도시에서 여전히 중국어로 더빙하여 제작하고 있다. 그러나 한국 영화는 중국어 더빙 비용까지 포함하면 제작 부담이 가중되어 워낙 수요가 크지 않은 영화 시장에서 더 어려워질 수밖에 없다.

한류에 대한 중국 시청자들의 심미적 피로감이 나타나기 시작하였다. 2000년 이후 한류 배우들이 중국 대륙에 대거 진출하기 시작하고 2017년 사드 사태가 발생하기 전까지 이미 16년이라는 시간이 흘러 한류 전파 시대도 1.0에서 3.0까지 발전해왔다. 한류 스타 김수현이 중국 광고에 출현해 스크린을 독점하는 현상이 나타났고 2013년 후난 TV 사회자 두하이토우(杜海涛)가 무릎 꿇고 아이돌 권지용에게 상을 수여해 주는 모습은 네티즌들의 질타를 받았다. 또한, 최근 몇 년간 한국 스타들의 각종 스캔들과 자살, 성범죄, 노예 계약 등 뉴스가 보도되면서 중국 시청자의 호감도가 갈수록 떨어지고 있는 상황이다. 한국 영화의 중국 진출과 보급화 과정에 많은 문제점이 나타나고 있었으며 중국 시청자들도 한류 스타들에 대한 '열광적인 숭배'에서 이성적으로 한국 영화 엔터테인먼트 산업을 바라보게 되었다.

3장

중국에서의 한국 영화의 주요 미디어 플랫폼

한국 영화가 중국에 진출하기 위해 이용하는 미디어 플랫폼은 영화관, TV, 인터넷 등 3가지로 분류되고 이에 따라 상영 방식은 영화관 영화, TV 영화, 온라인 영화 등이다.[16]

이 3가지 형태는 한국 영화의 중국 진출에서의 합법적인 채널이고 그 외 불법 유포 채널-불법 동영상 사이트가 있다. 이 장에서는 위에서 언급된 4개의 미디어 플랫폼에서의 한국 영화 보급 현황을 분석하고 각 채널의 전파 특징을 서술해 보고자 한다.

---

16 영화 예술과 희극 예술 논문 무료 논문사이트, https://www.yixuelunwen.com/lunwendaquan/dianyingyishuyuhujuyishulunwen/.

1. 중국 영화관을 통한 한국 영화의 진출 현황

1) 영화관 상영 현황

한국 영화는 2000~2002년 중국 영화관에서 상영된 적이 없으며 2003년 4월 〈오, 해피데이〉를 시작으로 중국 영화관에서 첫 한국 영화의 상영이 시작되었다. 영화는 귀엽고 장난기가 많은 여자 주인공 공희지가 자신의 이상형인 김현준을 향한 지상 최대 연애 프로젝트를 다룬 스토리를 배경으로 하였다. 여자 주인공 역을 맡은 장나라는 예쁘고 귀여운 이미지로 중국의 수많은 남성들에게 큰 인기를 얻었다.

2000~2005년은 한국 영화가 중국 시장에 진출하는 초창기로 5년간 총 4편의 영화가 상영되었는데, 같은 시기 홍콩에서 더 많은 한국 영화가 상영되었다. 첫 3년 동안 상영된 영화는 모두 청춘 로맨스 코미디 영화이다. 〈엽기적인 그녀〉의 영향 때문인지, 초기에 중국 시장에 진출한 한국 영화는 청춘 로맨스 코미디가 주된 유형이었다.

2006~2012년 사이 총 13편의 한국 영화가 중국 영화관에서 상영되어 연평균 2편에 육박했다. 2000년대 초반과 비교해 볼 때, 영화의 양은 늘었지만, 평균 매년 1~2편을 상영하였으며 5년 동안 뚜렷한 증가세를 보이지는 않았다. 그러나 2012년 이후 한국 영화의 개봉이 크게 증가하여 2012~2014년 동안 15편의 영화가 개봉되었고, 2012년에만 5편의 영화가 개봉되었다. 그 이유는 한중 수교 20주년이라는 점과 한중 공동제작 영화가 증가하기 시작했기 때문으로 보인다. 2012년 한국과 중국이 공동 제작한 획기적인 영화 〈만추〉는 한국과 중국의 우호 관계를 잘 보여주는 영화이다. 극 중의 중국 여배우 탕웨이(汤唯)와

한국 김태용 감독은 극으로 인연을 맺어 결혼까지 하게 되었으며 이로써 탕웨이 또한 한중 영화의 첫 번째 교류 대사가 되었다.

2015년과 2016년 2년간 총 16편의 영화가 상영되어 중국 시장에서 한국 영화의 보급이 다시 급증하였으며, 2016년에만 11편의 영화가 상영되어 연평균 8편의 영화가 개봉되는 시기를 맞이하게 되었다. 이는 2014년 한중 공동제작 영화의 스크린 쿼터 제한을 해제한 〈한중 영화 합작 협정〉을 체결하였기 때문으로 보인다. 이를 통해 한중이 공동으로 제작한 영화는 중국에서 제한없이 상영할 수 있게 되었고 〈한중 영화 합작 협정〉 체결은 한국 영화의 중국 진출을 강화하였다. 2017년~2020년 사이 '사드' 사건으로 인해 중국 당국이 한국 영화에 대한 제한 조치를 내렸고 중국에서는 한국 영화가 상영되지 않았다. 이를 종합해보면 2000~2020년까지 20년 동안 중국에서 상영된 영화는 총 47편이다. 지난 20년간 중국 영화관에 상영한 한국 영화의 경우, 2003년 첫 한국 영화가 중국에 진출한 이후 2006년까지 상영된 영화 수량이 지속적인 상승세를 보였고 2012년에 다시 급상승하여 2016년에 절정에 도달하였다가 2017년 이후 '사드' 사건의 영향으로 인하여 2003년 이전의 상태로 급감하였다.

표 6 중국 영화관에서 개봉된 한국 영화 요약표(2000~2020)

연도	영화 제목	상영 시기
2000~2002	없음	
2003	오! 해피데이 〈淘气少女求爱记〉	2003.04.18
2004	돌려차기 〈旋风腿〉	2004.05.21
	내 남자의 로맨스 〈我男朋友的罗曼史〉	2004.07.16
2005	공공의 적 2 〈人民公敌2〉	2005.12.04
2006	무영검 〈无影剑〉	2006.04.07
	데이지 〈雏菊〉	2006.04.30
	거룩한 계보 〈伟大的族谱〉	2006.10.19
	내 생애 가장 아름다운 일주일 〈我人生中最美的一周〉	2006.10.24
2007	괴물 〈汉江怪物〉	2007.03.08
	미녀는 괴로워 〈丑女大翻身〉	2007.09.25
2008	식객 〈食神争霸〉	2008.03.07
	우리 생애 최고의 순간 〈我人生中最精彩的瞬间〉	2008.06.15
2009	과속 스캔들 〈非常主播〉	2009.10.09
	마더 〈母亲〉	2009.11.19
2010	호우시절 〈好雨时节〉	2010.03.05
	7급 공무원 〈特工强档〉	2010.03.05
2011	마당을 나온 암탉 〈鸡妈鸭仔〉	2011.09.30
2012	사랑이 무서워 〈爱情真可怕〉	2012.01.20
	만추 〈晚秋〉	2012.03.23
	홍길동의 후예 〈盗亦有盗〉	2012.04.13
	아테나: 전쟁의 여신 영화관판 〈雅典娜: 无间谍局〉	2012.06.07
	연가시 〈铁线虫入侵〉	2012.12.06
2013	도둑들 〈夺宝联盟〉	2013.01.15
	이별계약 〈分手合约〉	2013.04.12
	미스터고 〈大明猩〉	2013.07.18

연도	영화 제목	상영 시기
2014	석곡란 〈石斛兰〉	2014.01.18 / 02.16
	설국열차 〈雪国列车〉	2014.03.17
	길위에서 〈我在路上最爱你〉	2014.03.28
	감시자들 〈绝密跟踪〉	2014.09.16
	원령 〈怨灵〉	2014.11.13
	나쁜 언니의 해혼 연맹 〈坏姐姐之拆婚联盟〉	2014.11.18
	명량 〈鸣梁海战〉	2014.12.12
2015	스무 살로 되돌아가다 〈重返二十岁〉	2015.01.08
	두근두근내인생 〈扑通扑通我的人生〉	2015.03.13
	암살 〈暗杀〉	2015.09.17
	내가 증인 〈我是证人〉	2015.10.30
	나쁜 놈은 반드시 죽는다 〈坏蛋必须死〉	2015.11.27
2016	꿈. 동업자 〈梦想合伙人〉	2016.04.29
	나의 새로운 야만인 여자친구 〈我的新野蛮女友〉	2016.05.05
	허니문 호텔 살해 사건 〈蜜月酒店杀人事件〉	2016.05.27
	그래서 블랙핑크와 결혼했어요 〈所以和黑粉结婚〉	2016.06.30
	상금 사냥꾼 〈赏金猎人〉	2016.07.01
	경천대반전 〈惊天大逆转〉	2016.07.15
	여름에는 교목아망천국이 있다 〈夏有乔木雅望天堂〉	2016.08.05
	귀엽거나 미치거나 〈那件疯狂的小事叫爱情〉	2016.08.05
	외할아버지의 방년 38세 〈外公芳龄三十八〉	2016.11.11
	세상의 중심에서 사랑을 부르다 〈在世界中心呼唤爱〉	2016.08.26
	슈퍼택배 〈超级快递〉	2016.12.02
2017~2020	상영되지 않음	

데이터 출처: 중국영화상영협회

2) 영화관 상영 특징

① 수량이 적고 수준이 낮다

우선, 2000~2020년 동안 연평균 상영 영화는 2~3편이었다. 그중에서도 2000년, 2001년, 2002년, 2017년, 2018년, 2019년, 2020년 무려 7년은 한국 영화가 한 편도 나오지 않았다. 다음으로 매년 20~30편이 중국 시장에 진출하고 있는 미국 영화와 비교해 보았을 때도 한국 영화의 상영은 적은 것으로 나타났다. 특히 2010년 이후 매년 400편 이상의 영화가 개봉되고 있는 중국의 영화 시장에서 상영된 한국 영화는 미국 영화의 10분의 1에도 못 미치는 상황이었다.

매출이 저조하였다. 한국 국내에서 흥행하여 높은 인기를 얻었던 영화가 중국 현지에서는 흥행을 이루지 못하였는데 그 대표적인 예가 〈설국열차〉이다. 〈설국열차〉는 개봉 2~3개월 전부터 중국 대륙에서 선전 공세를 펼쳤지만, 개봉 첫날 영화관 착석 비율이 4분의 1밖에 안 되는 '참담한' 성적을 거두었고 경쟁 작품이 나타나지 않았음에도 7000만의 매출로 종영되었다. 다음으로 중국 현지 영화 특히 2012년 이후에 상영된 중국 영화와 비교할 때 영화관에서 상영되는 영화의 장점이 뚜렷하지 않았다. 〈설국열차〉와 비슷한 금액을 투자된 〈서유기: 대요천국〉은 개봉 첫날에만 박스오피스 1억 위안을 돌파했다. 물론 이에는 2012년 이후 중국 영화 산업이 신속하게 발전했고 중국 관객들이 국산 영화에 대한 관심이 갈수록 높아졌다는 객관적인 이유도 한 몫을 더했다. 이 외에도 한국 영화의 상영 일정은 모두 중국의 휴일이 아니었다. 중국의 설, 국경절, 노동절 등 중요한 연휴 시기에 상영되는 한국 영화가 거의 없다는 부분도 한국 영화의 매출이 저조한 원인 중 하나였다.

② 정부 정책의 영향

한중 문화 교류 정책의 변화는 중국 내 한국 영화의 보급에도 직접적인 영향을 미쳤다. 1992년 한중 수교 이후 한류 문화는 급속하게 중국으로 전파되었다. 비록 1990년대에는 중국에서 개봉된 한국 영화가 없었지만 이미 다수의 한국 드라마가 중국 시장에 진출하였고 한류의 영향으로 한국 탤런트들도 중국에서 많은 인기를 얻게 되었다.

2000년에 중국이 WTO에 가입하면서 매년 20편의 해외 영화를 수입하기로 규정하였다. 비록 수입 영화 중 대부분이 미국 영화이고 한국과 기타 나라들의 쿼터는 연간 1~2편밖에 안 되지만 중국의 WTO 가입은 한국 영화가 공식적으로 중국에 진출할 수 있게 된 계기가 된 것이다.

2012년 한중 수교 20주년은 한국 영화가 공식적으로 중국에서 확산하게 된 새로운 기점이 되었다. 2011년 애니메이션 영화 〈마당을 나온 암탉〉 한 편이 중국에 상영된 반면, 2012년에는 무려 5편의 영화가 개봉해 기존 연간 상영수의 새로운 기록을 세웠다.

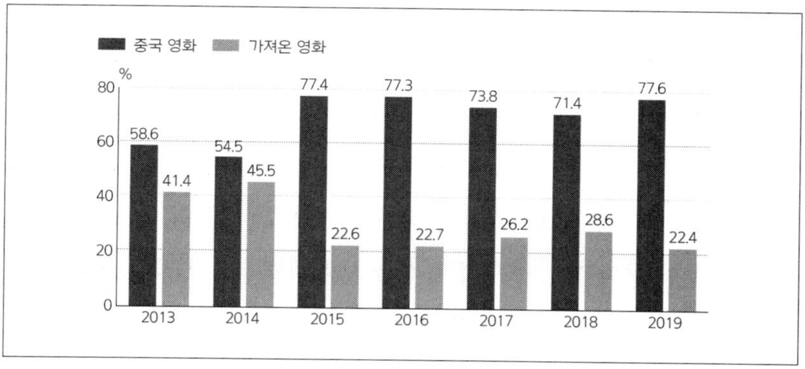

그림 1 중국 영화 시장에서 중국 영화와 수입 영화 비교(2013~2019)
데이터 출처: 중국 영화 데이터 네트워크

2014년 〈한중 영화 합작 협정〉을 체결한 이후 연간 평균 8편의 영화가 상영되었고 한중 공동제작 영화의 쿼터 제한도 해제되면서 한국 감독과 배우들이 중국 시장에 진출하였다. 2016년 '사드' 사건으로 인하여 한한령 조치가 시작되면서 2021년까지 한편의 한국 영화도 중국 시장에 진출하지 못했다. 그러나 2021년이 한중 문화 교류의 해가 되면서 중앙 라디오TV총국(中央广播电视总台)과 한국 KBS가 온라인으로 협약을 체결하고 향후 한중 영화 교류 산업도 새로운 전망이 펼쳐질 것으로 예상된다.

3) 영화관 상영 환경

① 중국 영화관 상영 기술의 발전

중국 영화관 상영 기술은 국제 수준에 발맞추면서 한국 영화의 중국 내 지속적인 진출을 보장하고 있었다. 2000년대 이후 중국의 영화관 상영 기술은 아날로그에서 디지털로, 3D에서 4D로 발전하는 과정을 거쳤다. 2004년 3월 18일, 중국광전총국은 〈영화 디지털화 발전 개요〉를 발간하여 중국 영화 산업 발전에서 디지털 영화의 전략적 지위를 확립하고 전국적인 추진 방안을 제정하였다. 구체적으로 농촌, 농민 시청객들을 겨냥한 모바일 디지털 영화 상영의 전국적인 방안을 0.8k라고 부르고, 중소도시 관객을 위한 디지털 상업 영화관은 1.3k로, 대도시 관객을 위한 상업 영화관은 2k라고 불렀다. 이와 같은 세 가지 유형의 영화관은 각각의 특징을 보유하면서도 서로 보완하여 중국을 아우르는 디지털 영화 방송 시장을 개척해가고 있었다. 2007년 이후 중국 영화관에서 3D 영화가 대거 상영되면서 관객들은 실감나는 입체 관람의 향연을 즐겼다. 영화관마다 3D 전용관이 마련되어 있을 정도로 2010년 이후 3D 상영관이 전국적으로 급증하였다. 〈아바타〉, 〈아이스 에이지 3〉, 〈테스티네이션 4〉와 같은 3D 블록버스터 영화들은 개봉된 후 대부분 3D나 IMAX의 방식으로 중국 영화관의 스크린을 통해 관객들과 만나게 되었다. 3D 상영관의 성장 기반은 디지털 영화의 규모이며 3D 상영관의 성공적인 발전은 디지털 영화관의 발전을 촉진하였다. 2018년 이후 선전, 베이징, 상하이 등 대도시에서는 완전한 상영 장비를 갖춘 수십 개의 4D 상영관이 등장하기 시작하였다. 4D 영화는 시각적·신체적으로 관객에게 체험 효과를 주고, 상영 현장에서 번개·연기·눈꽃·냄새 등 자연현상을 시뮬레이션할 수 있는 현장 특수 효과와 영화 스토리가 잘 어우러져 관객들에게 새로운 경험을 선사했다. 중국 영화관 기술은 아날로그부터 디지털, 3D부터 4D까지 국제영화의 발전 추세에 맞추어 발전해 나가고 있다.

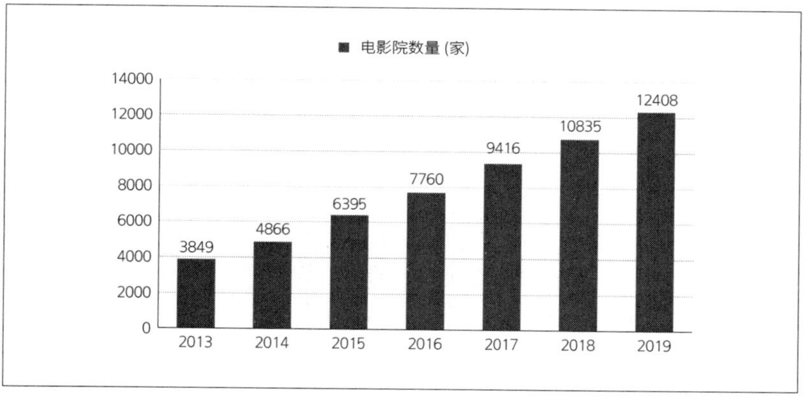

그림 2 중국 영화관 수(2013~2019)

데이터 출처: 중국영화진흥원

② 중국 스크린과 영화관의 증가

2000년 이후 해마다 증가하는 스크린과 영화관은 한국 영화가 중국에 진출하는데 용이한 물리적 환경을 마련해 주었다. 중국의《양광신문(央广新闻)》은 "중국 영화국의 통계에 따르면 2016년 12월 20일까지 중국 대륙의 스크린 수는 40917개로 미국의 40759개를 넘어섬으로써 세계에서 가장 많은 스크린을 보유한 나라가 되었다."고 보도하였다. 또한, 중국 대륙의 3D 영화 스크린은 총 수량의 85%를 차지하고 있다. 뿐만 아니라 국가 영화국에 발표한 통계에 따르면 2018년 3월 말까지 중국 대륙 내 영화관 중 IMAX 스크린은 502개, 대형 스크린은 295개를 보유하고 있는 것으로 나타났다.[17] 2019년 말까지 전 세계 영화 스크린의 수는 21만 개로 중국은 그중 3분의 1을 차지하고 있었다. 중국 내 스크린 수의 증가는 중국의 관객 증가와 영화 시장의 확

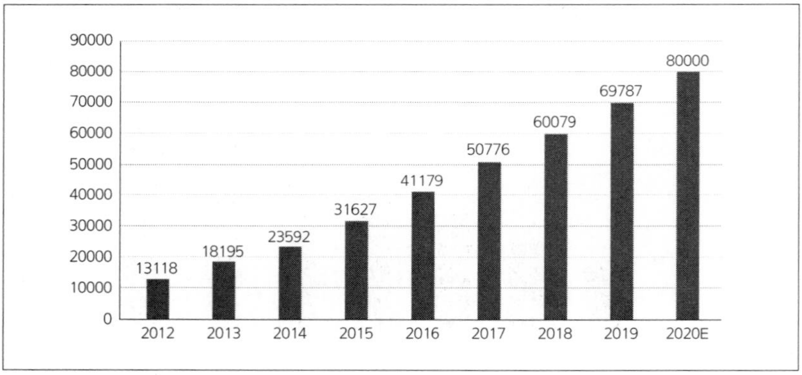

그림 3 중국 영화 상영관 수 변화(2012~2020)

데이터 출처: 중국산업연구원

17 극장 혁명의 길: 과거의 미래, 미래는 이미 왔다-상세해독-최신정보-이슈사건, https://36kr.com/p/1723053735937, 2018.

대를 보여주고 있다.

2. 텔레비전 상영 한국 영화의 현황 분석

1) 텔레비전 방영 현황

① 텔레비전(TV) 영화

'TV 영화'란 "TV에서 재생되는 영화"를 말한다. TV 영화는 등장하자마자 많은 시청자들의 사랑을 받아왔다. 최근 몇 년 동안 TV 영화는 양적 질적 발전을 이루며 중국 영화의 중요한 부분으로 자리 잡게 되었다. 중국 TV 영화는 3가지 유형으로 방송국에서 방영하는 영화, TV를 통해 시청하는 VCD/DVD, 및 네트워크 시스템을 기반으로 하는 TV 영화가 있다. 중국의 'CCTV-6' 채널은 텔레비전 영화의 대표 방송 채널이다. 한국 영화를 홍보하는 프로그램은 주로 〈세계 영화 기행〉, 〈세계 영상 박람〉, 〈가편유약〉 등이 있다. 〈세계 영화 기행〉은 중국에서 가장 공신력이 있고 미래 지향적인 국제영화 예고편 발표 플랫폼으로 자리 잡았다. 국제적인 영향력, 예술적 가치와 독특한 장르의 매력을 지닌 국제영화를 선보여주고 있다. 2006년 본 프로그램은 최초로 "한국에 가서 영화를 보자"라는 주제로 한국의 강변 영화관, 멀티 영화관을 소개하고 한국 영화 역사에 영향을 준 〈쉬리〉, 〈태극기 휘날리며〉를 소개한 바 있다. 그 뒤를 이어 김기덕 감독의 스토리와 "한강의 빛과 그림자" 탐구 등 내용도 소개되었다. 그뿐만 아니라 〈세계 영화 기행〉에 속한 〈세계 영화 기행의 자문 열차〉라는 프로그램에서도 여러 편의 한국 영화의 예고편을 방영하였다. 4년이라는 시간을 거쳐 제작된 영화 〈퀵〉은 한국의 첫 '스피드' 영화로서 한국판의 〈분노의 질주〉라고 할 수 있다. 이 외에도 한국의 인기 배우 하지원이 출연한 판타지 영화 〈7광구〉 및 하지원과 꽃미남 이종석이 함께 출연한 〈코리아〉 등 영화를 소개하기도 하였다.

1998년 'CCTV-8' 채널에서 제작한 〈세계 영화 박람〉이라는 프로그램은 해외 영화와 드라마를 소개하는 전문 플랫폼이다. 우수한 한국 영화와 드라마 작품을 추천하고 한국 영상 발전의 추세와 현황을 소개하며 중국 시청자가 해외 영상 작품을 올바르게 감상할 수 있도록 도와주는 프로그램이다. 가장 영향력 있는 프로그램은 〈가편유약〉이다. 〈가편유약〉은 1998년 9월 26일 첫 방송을 시작으로 주 1회 해외 영화를 방송하고 있으며, 이는 중국에서 최초로 한국 영화를 방송하기 시작한 프로그램이기도 하다. 〈가편유약〉은 작품 선정 시 "고전, 블록버스터, 수상작, 흥행작" 등 여러 측면을 고려하여 한국, 일본, 이란, 인도 등 세계 각 나라와 지역의 영화에도 많은 관심을 기울였다. 이 프로그램에서 소개된 최초의 한국 영화는 2002년 8월 3일 방영한 〈찜〉(1998)이다. 2002~2016년 사이 매년 한두 편의 영화를 상영하였으나 2017년 이후에는 한국 영화를 상영하지 않았다. 〈가편유약〉은 단순한 영화 방송 프로그램을 넘어 중국 영화계의 감독이나 평론가들을 통해 영화를 해석하거나 문화를 분석하면서 진행한다. 시대별 한국의 영화 작품 소개하면서 영화의 장르나 문화 등을 다루면서 관객들이 보다 쉽게 문화를 이해하고 체감할 수 있는 기회를 제공하였다.

표 7 한국 영화의 중국 TV 방영 현황(2000~2020)

영화 제목	연도	방송 시간
찜〈我爱上了朋友 的姐姐〉	1998	2002.08.03
봄날은 간다〈春逝〉	2001	2003.11.01
국화꽃 향기〈菊花香〉	2003	2004.10.04
오! 해피데이〈淘气少女求爱记〉	2003	2005.04.09
빙우〈冰雨〉	2004	2005.11.26
블루〈深海危机〉	2003	2006.05.20
동갑내기 과외하기〈我的野蛮女教师〉	2003	2006.08.12
무영검〈无影剑〉	2005	2007.01.27
B형 남자친구〈B型男友〉	2005	2007.02.10
외출〈外出〉	2005	2007.08.11
말아톤〈马拉松〉	2005	2007.10.13
진실한 사랑은 성역성을 이루다〈真爱倾城〉	2003	2008.01.05
데이지〈雏菊〉	2006	2008.04.05
데이지〈雏菊〉	2006	2008.05.17
괴물〈汉江怪物〉	2006	2008.11.29
미녀는 괴로워〈丑女大翻身〉	2006	2009.01.31
디워〈龙之战〉	2007	2009.04.11
8월의 크리스마스〈八月照相馆〉	1998	2010.07.03
7급 공무원〈特工强档〉	2009	2010.10.02
과속 스캔들〈非常主播〉	2008	2010.11.27
해운대〈海云台〉	2009	2010.12.04
영화는 영화다〈电影就是电影〉	2008	2011.04.23
화이트 발렌타인〈白色情人节〉	1999	2012.05.19
시〈诗〉	2010	2013.02.23
만추〈晚秋〉	2010	2013.04.27
도둑들〈夺宝联盟〉	2012	2014.09.06
설국열차〈雪国列车〉	2013	2015.05.23
엽기적인 그녀〈我的野蛮女友〉	2001	2015.08.29
명량〈鸣梁海战〉	2014	2016.04.02
Black Panther〈黑豹〉	2018	2020.11.07

데이터 출처 : 중국 CCTV6〈가편유약〉 프로그램

② VCD 영화

1990년대 초반에는 VCD/DVD를 사용하여 영화를 보는 것이 트랜드가 되었다. VCD/DVD는 저렴한 가격, 다양한 종류, 그리고 언제든지 시청할 수 있다는 장점을 지니고 있다. 영화 관람객들은 고품질 화질과 음향의 효과를 추구하기 시작하였으며 이로써 텔레비전, 비디오디스크플레이어, 음향 세트로 구성된 가정식 영화관이 등장하기 시작하였다. 한국 영화도 DVD의 방식으로 중국 시장에서 유통하게 되었고 VCD는 DVD에 의해 대체되었다. 2000년경 VCD/DVD의 주요 유통 경로는 서점과 음향 제품 전문점이었다. Pacific Media, China Radio Audio-visual, Xinhui Culture 등 음향 브랜드로 유명한 업체에서 많은 한국 영화를 발행했다. 그 후 인터넷이 보급되면서 오프라인 상점이 폐업하고 최근에는 공자(孔夫子)라는 중고 서점과 알리바바 등 온라인에서 VCD/DVD가 일부분 판매되고 있다. 공자 중고 서점에서는 한국 영화 320여 편을 포함한 김기덕, 연상경, 강제규, 임권택 등 한국 유명 감독 작품과 유명한 영화를 찾아볼 수 있다. 온라인 유통업에서는 2000년의 한국 영화 〈봄날은 간다〉, 〈무사〉 등은 찾아볼 수 있는 반면, 최신 한국 영화의 수는 적고 업데이트 속도도 느려 주로 클래식 영화가 판매되고 있는 상황이다. 알리바바도 공자 중고 서점과 비슷하다. 200여 편의 한국 영화가 판매되고 있어 양적으로는 공자 중고 서점보다 적지만 〈기생충〉, 〈극한직업〉, 〈엽기적인 그녀〉 등 최신 한국 영화를 많이 찾아볼 수 있다. 영화는 대략 5000원 좌우에 판매되고 있으나 두 사이트의 매출 현황을 보면 구매자가 없는 것이나 마찬가지다. 일부 한국 영화는 구매자가 있다고 하더라도 총판매량은 10장 미만에 불과하다. VCD/DVD는 인터넷 디지털 영화에 비해 가격이 비싸고 보존 방법도 복잡하다. 현재 인터넷 사이트에 유료

회원으로 가입하면 수백 편의 영화를 시청 및 저장을 할 수 있다.

③ 인터넷 텔레비전

인터넷 텔레비전은 텔레비전과 셋톱박스로 구성되어 있다. 셋톱박스는 인터넷 신호를 접수하는 데에 사용된다. 일부 텔레비전은 셋톱박스가 필요없이 자동 wifi 기능이 구비되어 있어 인터넷 wifi에 접속하는 방식으로 인터넷과 연결된다. 이는 영상을 선택하여 실시간 시청 또는 재방송이 가능한 장점이 있다. 중국 인터넷 텔레비전은 광전 인터넷 텔레비전, 인터넷 회사 텔레비전과 핸드폰 운영 업체 텔레비전 3가지로 나눌 수 있다. 인터넷 텔레비전은 저렴한 가격으로, 핸드폰 운영 업체 텔레비전은 간편성으로, 광전 인터넷 텔레비전은 다량의 고객을 보유함으로써 각각의 장점을 가지고 있다. 현재 인터넷 텔레비전과 핸드폰 인터넷 텔레비전을 선택하는 시청자가 더 많은 편이다.

인터넷 회사 텔레비전에 등재된 한국 영화는 많지 않다. 국가별 검색 창에 한국이라는 검색 카테고리가 없고 미국, 유럽, 일본, 태국 등만 검색할 수 있다. 나라 검색란에 수록된 한국 영화가 약 60~70편 정도 되고 한국 영화인지 아닌지를 확인하기 위하여 영화 상세 항목에 들어가야 하므로 불편한 점이 한둘이 아니다. 또한, 수록된 영화도 대부분 한국의 유명한 영화들이다. 예를 들면 〈해운대〉, 〈은밀하게 위대하게〉, 〈올드보이〉 등이 있다. 핸드폰 운영 업체 인터넷 텔레비전은 국가별 검색 중 한국이라는 선택 사항이 구축되어 있긴 하지만 총 영화 수량은 30여 편밖에 안 되어 인터넷 회사 텔레비전에서 제공하는 한국 영화 수의 절반 정도이다. 한마디로 온라인 인터넷 텔레비전의 한국 영화 수량이 매우 적은 편이고 중국 시청자들의 시청 수요를 만족시킬 수 없다. 이는 온라인 인터넷 영화가 나온 시간이 아직 짧고 한국 영화에 대한 관심이 많지 않으며 한한령의 영향으로 운영 업체에서 여전히 한국 영화를 방영하는 것을 주저하게 되는 등 영향을 받았다고 할 수 있다.

2) 텔레비전 플랫폼의 전파 특징

① 한국 영화의 적은 수량과 영향력

텔레비전을 통하여 중국 시장에 진출한 한국 영화는 영화관에서 상영된 영화와 양이 비슷하다. 하지만 온라인 인터넷 텔레비전 상영수를 더했을 때의 수량은 영화관보다 많기는 하나 큰 차이가 나지는 않는다. DVD를 통하여 중국에 진출한 한국 영화가 200~300편 이상이 되긴 하나 DVD는 실제 활용률이 낮아서 총 수량에서 배제해도 무방하다. 텔레비전에서 한국 영화를 방송하는 프로그램은 〈가편유약〉 하나뿐이다. 한국 영화를 소개하거나 홍보하는 프로그램이 많기는 하나 한국 영화를 방송하는 채널이나 프로그램이 거의 없다. 또한, 텔레비전에서 상영하는 영화는 대부분 이미 영화관에서 상영된 영화거나 옛 영화가 대부분이다. 이런 영화는 방송하기 전에 대규모 홍보 활동을 진행하지 않았기에 한국 영화의 팬이 아니면 못 보는 경우가 대다수이다. 이에 따라 텔레비전 영화는 사실상 한국 영화의 중국 전파에 큰 영향력이 없다는 것을 알 수 있다. 텔레비전에서 상영하는 한국 영화는 양이 많지 않지만, 예술 가치가 높다. 고전 영화, 흥행작, 국제적으로 수상을 받은 영화 등, 영화를 선택하여 방영하는 것이 특징이다. 영화관을 통하여 중국에 전파하는 방식과 비교할 때 영화 선택의 자유성과 투자 금액이 적은 장점이 있다.

② 신매체의 등장으로 인한 관객 분산

새로운 미디어 매체가 나타나면서 텔레비전을 보는 사람이 2010년 이후 감소하는 추세이다. 2008년 이후 인터넷과 핸드폰 등 새로운 미디어 매체가 보편화 되었고, 특히 2011년부터 젊은 청년 관객들은 텔레비전 이외의 선택지가 많아져 텔레비전 시청 시간이 대폭 줄어들었다. 2008~2011년 하루 중 텔레비전 평균 시청 시간은 8분이 줄었는데, 이 중에 15~24세, 25~34세 젊은 층은 각 23분, 15분씩 줄었다. 이는 젊은 시청자일수록 텔레비전을 시청하는 시간이 더 감소된 것을 확인할 수 있다. 2011년 이후 텔레비전 시청자는 계속 감소세를 보이는바 텔레비전이 더 이상 미디어 플랫폼을 독점할 수 없게 되었다. 텔레비전 영화 프로그램 〈가편유약〉에서도 이와 비슷한 경향을 확인할 수 있다. 2010년에는 4편의 한국 영화가 방송되었지만 2011~2016년은 한중 영화 교류의 황금기임에도 불구하고 연평균 총 1~2편의 한국 영화가 텔레비전을 통하여 방송되었다. 텔레비전을 통하여 중국에 진출한 한국 영화의 양이 부족한 것이 실정이다.

③ 무선 네트워크 텔레비전의 발전

TV 이용자들의 사용 매체는 케이블 텔레비전에서 무선 네트워크 텔레비전으로 전환이 신속하게 이루어졌다. 2014년 이후 인터넷 텔레비전이 중국 시장에 등장하기 시작하면서 케이블 텔레비전의 시장 비중이 갈수록 줄어드는 상황이 되었다. 중국광전총국의 통계에 따르면 2015~2017년 중국 내 케이블 텔레비전 사용 고객 수는 2.36억, 2.28억, 2.14억으로 매년 5%의 감소세를 보였다. 이는 인구가 14억이 넘는 중국에서 케이블 텔레비전을 사용하는 시청자가 많지 않다는 것을 의미한다. 인터넷 텔레비전에 보유된 한국 영화 수량이 일반 텔레비전 영화 수량과 비슷하지만, 선택 방송과 재방송이 가능한 인터넷 텔레비전은 수요가 더 높았다. 일반 케이블 텔레비전 사용 고객은 원하는 내용과 영화를 선택할 수 없을뿐더러 텔레비전 영화 방송 시각도 주 1회 고정 시간에 방송되고 있어 시청자들이 많은 불편을 겪고 있다. 이러한 이유로 시청자들은 인터넷 텔레비전을 더 선호한다. 물론 인터넷 텔레비전에도 단점은 존재한다. 보유한 한국 영화의 양이 적고 시청자들의 선택 범위가 좁다. 다음으로 영화 관람 시 영상 화질에 대한 요구가 높지만, 일반 텔레비전은 인터넷 속도의 영향을 받아 화질이 떨어지고 영상 재생이 느리거나 끊기는 문제가 발생할 수 있어 시청자들이 불편을 느낄 수 있다. 그럼에도 불구하고 이용자들은 개인의 취향과 언제든 방송을 시청할 수 있다는 점에서 인터넷 텔레비전을 더 선호하는 추세이다.

3. 온라인 플랫폼을 통한 한국 영화의 중국 진출 현황

온라인 플랫폼은 정보가 많고 전파 속도가 빨라 네티즌들이 영화와 오락에 대한 수요를 만족시킬 수 있다. 인터넷은 현대 사람들의 일상생활의 일부분으로 자리매김하면서 정보 교환의 가장 중요한 플랫폼으로 등극하였다. 날이 갈수록 현대인들은 인터넷에 더 많이 의지하고 있다. 온라인 인터넷 플랫폼은 유형이 다양하나 그 기능에 기반하여 비디오, 쇼트 클립, 중국 국내 SNS 등 3가지 유형으로 나눌 수 있다. 비디오 플랫폼은 현재 한국 영화가 중국에 진출하는 데 가장 많이 활용되는 방식이다. Tengxun(腾讯), Aiqiyi(爱奇艺), Youku(优酷) 등 대표적인 영상 사이트를 통해 온라인으로 한국 영화를 시청하거나 다운로드도 할 수 있다. 쇼트 클립 플랫폼의 대표적인 포털은 Douyin, Kuaishou 등이 있다. 중국 국내 SNS 플랫폼은 주로 Weibo, Wechat을 가리킨다. 쇼트 클립, SNS 플랫폼은 주로 한국 영화의 행사(영화제, 영화 전시회, 영화 예고)에서 홍보용으로 활용된다. 따라서 이 장에서는 온라인 플랫폼 중 영화 전편을 시청할 수 있는 비디오 사이트를 위주로 한국 영화의 현황을 분석해 보고자 한다.

1) 영상 사이트의 한국 영화 현황

검색 빈도에 따라 중국의 주요 영상 사이트 순위를 매겨보면, Bili bili가 183,309회로 1위를, Youku는 76,145회로 2위를, Aiqiyi는 68,168회로 3위를, Tengxun은 60,733회로 4위를 차지하였다. 평일 방문자수 기준으로 보면 Tengxun이 2106.57만으로 1위, Bilibili는 1454.64만으로 2위, Aiqiyi는 459.36만으로 3위이다. 〈중국 인터넷 데이터 분기 분석 보고〉에 따르면 월간 활성 사용자 고객의 경우, 2020년 6월 Tengxun이 3.85억 명으로 1위를 차지하였고 그 뒤로 Youku는 3.81억 명으로 2위를, Aiqiyi는 3.44억 명으로 3위를 차지하였다. 이로부터 Tengxun, Youku, Aiqiyi, Bilibili 4개 영상 사이트가 중국 내 사용자 대부분을 확보한 것을 알 수 있다.[18]

---

18 동영상 업계 데이터 분석: 2020년 6월 텐센트 동영상 월간 액티브 유저 수 3.85억 명, 아이미디어망, https://www.iimedia.cn/c1061/73477.html, 2020.

腾讯视频 平均日访问量：2106.57万	**Tengxun** 평일 기준 일일 방문횟수: 2106.57만
哔哩哔哩bilibili 平均日访问量：1454.64万	**Bilibili** 평일 기준 일일 방문횟수: 1454.64만
爱奇艺 平均日访问量：459.36万	**Aiqiyi** 평일 기준 일일 방문횟수: 459.36만
搜狐视频 平均日访问量：286.4万	**Sohu** 평일 기준 일일 방문횟수: 286.4만
优酷 平均日访问量：114.75万	**Youku** 평일 기준 일일방문횟수:114.75만

그림 4 2020년 6월 중국 주요 비디오 사이트의 월간 활성 사용자(단위: 억 명)
데이터 출처: 중국산업연구원

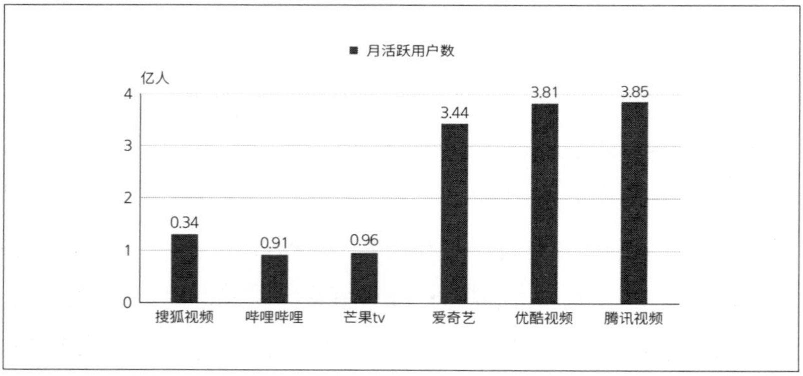

그림 5 2020년 6월 중국 주요 동영상 사이트의 월간 활성 사용자(단위: 억 명)
데이터 출처: iiMedia Research

위에도 언급했듯이 Tengxun, Youku, Aiqiyi, Bilibili 4개 사이트는 현재 중국에서 가장 영향력 있는 비디오 사이트이다. 한국 영화가 중국에 진출하는 주요한 방식 중 하나는 바로 비디오 사이트를 통하는 것이다. 한국 영화는 비디오 사이트를 통해 시청할 수 있으므로 동영상 사이트의 발전과 밀접한 관련이 있다. 고품질 비디오 사이트는 대량의 사용자와 홍보 능력을 겸비하고 있어 한국 영화가 중국에 진출하는 유력한 모터가 될 수 있다. 4개의 비디오 사이트는 각각의 경쟁력을 갖추기 위하여 한국 영화를 시청할 수 있는 여러 방식을 제공하고 있다. 온라인 시청, 다운로드 후 시청, 다운로드와 시청 동시 진행, 온라인 드라이브에 업로드 후 시청하는 등 방식이 있다. 사이트에서는 한국 영화를 시청하는 것 외에도 영화 예고편, 출연자 소개, 촬영 에피소드, 평론, 매출 순위, 한국 영화 감독 테마 보고 등 관련된 내용도 제공하고 있다. 이와 같이 비디오 사이트는 시청자에게 다양한 서비스를 제공함으로써 시청자들이 자기가 선호하는 한국 영화를 선택할 수 있음과 동시에 자신이 원하는 방식으로 시청할 수 있도록 서비스를 제공해주고 있다.

한국 영화 진출에 관한 4개 영상 사이트 플랫폼의 차이점은 다음과 같다.

첫째, Tengxun, Youku, Aiqiyi, Bilibili 4개 비디오 사이트에서 제공되는 한국 영화의 수량은 차이가 있다. Tengxun, Youku, Aiqiyi 3개 사이트에는 한국 영화를 선택할 수 있는 카테고리가 있어 한국 영화의 보유량을 확인할 수 있으며 유료로 이용된다. 반면에 Bilibili에는 주로 한국 영화와 관련된 쇼트 클립, 영화 평론, 예고편, 애니메이션 영화를 방영하고 있어 영화 전편을 볼 수 있는 것은 아니다.

둘째, Tengxun, Youku, Aiqiyi 3개 영상 사이트에 보유하고 있는 한국 영화를 보면 Tengxun이 240편으로 가장 많이 보유하고 있고, Youku, Aiqiyi는 각각 150편, 94편을 보유하고 있는 것으로 나타났다. 3개 사이트에서 한국 영화는 모두 유료로 방영되고 있고 비용은 월평균 30위안에 제공되고 있다. 무료 시청 시 6분까지만 볼 수 있고 유료로 시청할 경우, 다운로드도 가능하나 무조건 해당 사이트 전용 플레이어를 이용하여야 하므로 다소 불편함이 있다. Tengxun은 1990년대의 한국 영화 중 〈화이트 밸런타인〉 한 편만 보유하고 있고 기타 영화는 주로 2000년부터 2016년 사이 개봉된 한국 영화들이다. 2016년 이후 개봉된 한국 영화는 없다. Youku에는 2016년 한한령이 발행된 이후에 발행된 2017년 영화〈RESET〉와 2019년 영화 〈Strange Circus〉 2편도 보유하고 있다.

셋째, 4개 비디오 사이트에서 보유하고 있는 한국 영화는 흥행작이 많지 않다. 한국 영화를 가장 많이 보유하고 있는 Tengxun에서 시청수가 Top 10인 한국 영화를 검색해보면, 〈명량: 회오리 바다〉와 〈암살〉 2편만 찾아볼 수 있다. '2017 CINE 한국 우수 영화 TOP 10'을 검색하면 한 편도 없다. 중국 영화관에서 상영한 한국 영화는 총 47편이 있는데 이 중 7편은 Tengxun에서 시청할 수 있어 영화관 상영 영화의 15%를 차지하고 있다. 20년간 베니스 국제영화제 우수상 후보에 올라간 한국 영화는 10편이나 되지만 그 중 〈수취인 불명〉만 시청할 수 있다. Tengxun 비디오 사이트에는 200여 편의 한국 영화를 보유하고 있지만 퀄리티가 높은 한국 영화는 거의 없다. 다시 말해 중국 영상 사이트에는 한국 흥행작들이 많이 수록되어 있지 않다.

넷째, Youku와 Aiqiyi 같은 경우 Tengxun에 비해 보유하고 있는 한국 영화는 적지만 한국 영화의 홍보와 확대에 노력하고 있다. 2014년 Aiqiyi는 한국의 롯데그룹 화인컷(Fine Cut)과 협력을 체결한 이후 100여 편의 한국 영화 저작권을 구입하였다. 저작권을 구입한 한국 영화 중에는 현빈이 제대한 후 촬영한 〈역린〉, 차승원이 출연한 〈힐〉, 이민호가 출연한 〈청춘학당〉 등 한국에서도 인기가 많고 매출이 좋은 새로운 영화도 포함되어 있었다. 또한, 유명 감독인 김기덕과 홍상수의 영화 작품도 포함되었다. Aiqiyi는 인터넷과 전통 영화 산업과의 융합 혁신의 길을 적극적으로 모색해 가면서 중국에서의 한국 영화의 진출에 노력하고 있다. Youku는 2014년 '한국 영화 전시회'의 영상 사이트 협력 플랫폼으로 지정되어 한국 영화 진흥위원회와 협력하여 '한국 온라인 영화 전시회'를 개최하였다. 이후 50여 편의 수준 높은 한국 영화를 독점 상영함으로써 국내의 많은 한국 영화의 팬들에게 절호의 관람 기회를 제공하였다.

2) 영상 사이트의 진출 특징

① 수량과 수준이 높은 편이고 시청 가능한 방식도 다양하다

비디오 사이트는 보통 컴퓨터, 핸드폰(Android, iOS, HD 시스템)과 연결을 할 수 있기에 시청자는 자신이 선호하는 방식으로 핸드폰, 컴퓨터, 태블릿 PC 등을 와이파이와 연결한 후 영화를 언제 어디서나 시청할 수 있게 되었다. 인터넷이 보급되면서 한국 영화가 중국에 진출하는 방식이 다양화되었고 기존에 있던 대인 커뮤니케이션과 대중 매체를 통해 전파되던 방식을 서로 융합시켜 새로운 전파 유형이 형성되었다. 대량의 한국 영화가 단, 기간에 빠른 속도로 중국에 전파할 수 있어 전파 효과와 영향력이 상상을 초월했다. 4개 영상 사이트에 보유하고 있는 한국 영화는 평균 200편이고 매년 10편 이상의 증가 속도로 중국 시장에 진출하고 있다. 비록 수량이 방대하지 않지만, 중국 시청자의 한국 영화에 대한 보편적인 수요를 만족시킬 수 있게 되었다. 보편적으로 연평균 영화 제작량이 400편 정도 되지만 그 중 예술 가치가 높고 영향력 있는 영화는 10편 내외에 불과하다. 따라서 비디오 사

이트에 방영되고 있는 한국 영화는 대부분 해당 연도의 메인 영화라고 볼 수 있다.

② 영화 내용의 세분화되었다

전통 미디어는 다양한 시청자의 선호에 따라 차별화된 방송을 제공하는 기능이 미비하다. 반면, 영상 사이트는 빅데이터를 기반으로 시청자에 대한 데이터 분석이 가능하기에 시청자에게 알맞은 알고리즘을 통하여 영화 내용을 추천할 수 있는 기능을 갖추고 있다. 영상 사이트는 접속한 사용자의 정보를 바탕으로 개별 시청자가 선호하는 한국 영화를 기록할 수 있다. 따라서 자동으로 사용자의 정보를 식별하고 관심 분야를 분석하여 사용자가 관심 가는 한국 영화 정보를 신속하게 추천해줄 수 있으며 이로써 한국 영화의 보급에 긍정적인 영향을 미치게 된다.

③ 시청자 간의 교류가 활발해졌다

영상 사이트와 전통 미디어의 중요한 차이점 중의 하나가 시청자와의 교류이다. 영상 사이트들은 관객들이 서로 교류하고 영화를 평가할 수 있는 기능을 제공하고 있어 시청자의 참여도를 향상시킬 수 있다. 영상 사이트를 통하여 시청자는 영화를 선택하여 시청할 수 있는 동시에 시청하는 과정에 댓글, 평론 등 자신이 좋아하는 방식으로 참여할 수 있다. 기존에 시청만 할 수 있었던 상황에서 직접적인 참여가 가능해지면서 상호교류가 활발하게 이루어진 것이다. 또한, 영화감독 등 관계자들도 영상 사이트를 통하여 시청자의 의견을 볼 수 있고 시청자와 간접적으로 교류할 수 있게 되었다. 이뿐만 아니라 시청자들도 자신이 가지고 있던 한국 영화 자원을 직접 업로드하여 인터넷에 올릴 수 있다. 시청자의 역할도 매체의 수용자, 한국 영화의 시청자, 한국 영화의 평론가 등 다양한 신분으로 전환되었다. 한국 영화가 중국 시장에 진출하는 과정에서 시청자가 직접 참여함으로써 영화의 전파 속도가 빨라지고 범위가 확대되었다. Youku를 보면 평점 9.0 이상의 영화는 〈세상의 가장 아름다운 이별〉 9.2점, 〈집으로〉 9.1점, 〈변호인〉 9.5점으로 총 3편이 있다. 영화를 시청하는 과정에 댓글 자막 기능을 사용하면 기타 시청자와 영화 정보도 교류할 수 있다. 영화에 대한 테마 평가 코너도 있는데 〈세상의 가장 아름다운 이별〉 37페이지, 〈집으로〉 44페이지, 〈변호인〉 86페이지의 평론으로 송강호가 출연한 〈변호인〉이 중국에서 인기가 가장 높은 것을 확인할 수 있다. 일반인 평론창 외에도 전문인 평론창을 만들어 영화 관계자와 직접 소통하는 기회가 주어졌고 시청자도 다양한 교류 방식을 통하여 전문적인 영화 내용을 배울 수 있게 되었다.

결론적으로 보면, 영상 사이트는 한국 영화가 중국에 진출하는 중요한 채널이다. 한국 영화의 전파는 영상 사이트와 긴밀한 관계가 있다. 현재 Aiqiyi, Youku, Tengxun 등 플랫폼에서 방영되는 한국 영화 퀄리티가 갈수록 높아지고 있다. 향후 영상 사이트는 한국 영화가 중국 전파되는 가장 중요한 채널이 될 수 있을 것으로 전망된다.

4. 불법 사이트를 통한 한국 영화의 중국 진출 현황

다음은 중국에서 유포량이 가장 많은 불법 동영상 사이트에 대해 이야기해 보고자 한다. 불법 동영상 사이트는 Tencent, Aiqiyi 등 합법적인 비디오 플랫폼과 비슷한 형태로 존재하며 기능은 크게 다르지 않다. 불법 플랫폼은 공식 인증 라이센스가 없고 한국 영화의 저작권 구매가 이루어지지 않은 '지하' 전파 채널이다.

1) 불법 사이트를 통하여 전파한 한국 영화의 현황

한국 영화 콘텐츠에 영향력이 있는 사이트는 '한국 드라마 망'(이하 '한쥐망'이라 함)과 '66 영상'이다. 두 사이트 모두 한국 영화를 1000편 이상 보유하고 있을 정도로 인지도가 높아 한국 영화를 자주 보는 관객이나 베테랑 영화 관객들에게 널리 알려져 있다. '일본 영화', '런런 영화', '치치 영화' 등 사이트들도 어느 정도 인지도가 있지만, 관객들에게 잘 알려져 있지 않다. 특히 '런런 영화' 사이트에 있는 한국 영화는 대략 700~800편이 수록되어 있는데 관객들은 이를 잘 알지 못한다. 이 영화들이 모두 정상적으로 상영할 수 있고, 화질도 좋을뿐더러 스팸 광고가 없고, 한국에서 영향력이 있는 영화도 포함되어 있다. '한미 TV'는 평균 200~300편 내외로 비교적 적은 수의 영화를 보유하고 있으나, Tencent, Youku 등 합법적인 비디오 사이트와 보유 영화 양이 거의 비슷해 한국 영화에 대한 관객의 기본적인 수요를 충족시킬 수 있다. '디에띠이오망'에 올라와 있는 한국 영화의 수는 1000편 이상이지만 많은 영화들이 정상적으로 재생되지 않는다. 심지어 소리와 영상이 일치하지 않는 영화도 있고, 시청 효과가 좋지 않은 영화도 있어 관객들에게 이상적인 접근이 되지 못하고 있다.

2) 불법 사이트를 통한 전파 방식의 특징

① 영화 수량이 많고 유형이 다양하다

중국 불법 사이트는 한국 영화가 중국 시장에 진출하는 데 가장 중요한 방식이라고 볼 수 있다. 불법 사이트에 있는 한국 영화는 영화관, 텔레비전, 영화제, 영화 전시회 등 방식을 통하여 진출한 한국 영화 수량의 합계와 비슷하다. 20년간 공식적으로 중국에 진출한 한국 영화는 주로 영화 전시회를 통하여 들어온 것이다. 통계에 따르면 매년 10~20편의 영화가 전시되고 있었다. 중국에서 개최된 각종 영화 전시회를 통하여 진출한 한국 영화가 약 400~500편 정도 되었지만, 이 숫자는 불법 사이트에 있는 한국 영화의 절반 정도밖에 안 된다. 따라서 중국 불법 사이트에 보유한 한국 영화가 현재 중국에서 접근 가능한 모든 영화라고 볼 수 있다. 불법 사이트에 있는 한국 영화 장르는 코미디, 액션, 로맨스, 공포, 판타지, 전쟁 등 총 6가지가 있다. 이 외에도 가정, 윤리, 재난, 19금 등 거의 모든 장르의 한국 영화가 포함되어 있다. '범죄'라는 글자는 민감성으로 인해 특정 주제로 분류되어 있지는 않지만, 실제 영화 내용을 보면 많은 장르가 범죄이다. 또한, 일부 중국에서 정상적으로 방송이 불가한 영화들도 불법 사이트에서 시청할 수 있다. 예를 들면 〈돈의 맛〉, 〈바람난 가족〉, 〈후궁: 제왕의 첩〉 등과 같은 19금 영화는 합법 사이트에서 방영이 불가능하지만 불법 사이트에서는 시청할 수 있다.

② 무료 시청

불법 사이트의 가장 큰 매력은 무료로 시청할 수 있다는 점이다. 일부 소수 사이트에는 다운로드도 가능하지만 대부분 사이트에는 다운로드가 불가능하다. 일반적으로 불법 사이트는 회원 가입과 광고 없이 모든 시청자들이 무료로 한국 영화를 볼 수 있다. 그러나 무료로 영화를 시청할 수 있는 반면에 이런 불법 사이트는 인지도가 낮다. 불법 사이트는 영화 수량이 많고 무료 시청이 가능해 관객들의 추천으로 빠른 기간 내에 인기를 얻는 것이 특징이다. 무료라는 장점으로 시청자의 인기를 얻는 동시에 투자자의 관심을 끄는 점도 있다. 다시 말하면 영화의 무료 시청은 시청자들을 끌 수 있는 가장 효과적인 수단이다.

③ 저작권 침해

불법 사이트는 대량의 영화 자원을 보유하고 있지만 대부분 불법적으로 운영하므로 생존 기간은 불안정하다. 한두 달 만에 사라지는 사이트도 있고 길게는 1~2년 정도 유지하는 사이트도 있다. '씨과망'이나 '한쥐망' 등 불법 사이트 같은 경우, 등장한 지 1년 만에 운영이 중지되었다. 일부 사이트는 운영이 중지된 후에도 재개하는 경우가 있지만 대부분 기존 사이트의 명칭을 사용하지 않고 새로운 사이트처럼 운영되기 때문에 시청자들이 다시 찾기 어려운 경우가 많다. 공식적인 경로를 통하여 한국에서 구입한 영화가 아니고 불법 운영의 제한으로 일부 영화는 몰래 촬영, 재제작 등 방법을 통하여 도입되다 보니 화질이 떨어지고 자막이 틀리거나 자막이 없는 경우가 많다. 불법 사이트는 운영 자금이 없는 관계로 초고속 인터넷이 보장되지 못하므로 영상을 보는 동안 멈추거나 일부만 시청할 수 있는 문제가 종종 발생하기도 한다. 불법 사이트를 단속하는 것은 중국 내에서 아직까지는 그레이존이라고 할 수 있으나 지식 저작권과 저작권 보호 인식이 강화되면서 불법 사이트도 폐쇄되거나 전환이 될 것으로 예상된다.

4장

중국 진출 한국 영화의 주요 내용 분석: 중국에서 리메이크된 영화를 대상으로

중국에 진출한 한국 영화의 종류에는 한국 본토 영화, 리메이크된 한국 영화, 한중 협력 영화 등 세 가지가 있다. 본 연구는 '한국 영화의 중국 진출'에 관한 내용이므로 한국 본토 영화를 대상으로 분석할 경우, '한국 영화 연구'라는 주제에 가까워 '중국 진출'이라는 부분을 반영하기 어려워진다. 따라서 한국 영화의 중국 진출 관련 연구를 위해 한중 협력 영화와 리메이크된 영화를 다루는 것이 더 적합한 것으로 보이고, 또 한중 협력 영화를 대상으로 분석하는 것보다는 리메이크된 한국 영화를 대상으로 분석하는 것이 더 적절하다고 생각된다. 리메이크된 영화는 한국과 중국의 영화 간의 연관성을 더욱 뚜렷하게 표현하기에 신뢰도와 설득력이 더 높다고 보인다. 리메이크 영화의 경우 보통 두 가지 버전이 있다. 중국판의 경우, 한국판의 계승과 발전이고 한국판은 중국판의 원천이다. 때문에 리메이크 영화는 한국 영화의 중국 진출 상황을 더 잘 보여줄 수 있다고 생각된다. 따라서 본 연구에서는 리메이크된 한국 영화를 대상으로 '한국 영화의 중국 진출' 내용을 연구할 것이다.

한국 영화 관련 연구는 일괄적인 연구가 아닌 영화 장르별 분석이 필요하다고 보인다. 이는 중국에 진출한 한국 영화가 어떤 장르인지, 중국 관객이 어떤 장르의 한국 영화를 더 선호하는지 등 부분을 분석함으로써 한국 영화가 중국 진출을 연구하는 데 현실적 의의가 있다고 보인다. 그러므로 본 장에서는 리메이크된 한국 영화를 대상으로 장르별 연구의 시각에서 비교분석을 진행할 것이다.

1. 중국 진출 한국 영화의 유형 분석

1) 수량

앞서 살펴본 바와 같이 한국 영화의 중국 진출 채널에는 영화관, TV, 영상 사이트 및 불법 사이트 등 4가지가 있다. 지난 20년 동안 영화관과 TV를 통하여 중국에 상영된 한국 영화의 수량은 많지 않다. 영화관에서 상영된 한국 영화는 47편이고, TV에서 방송된 한국 영화는 주로 'CCTV- 6' 채널에 주 1편 정도 방송된다. 인터넷TV를 포함하여 20년 동안 방영된 영화는 100편 정도에 그친다. 영화관과 케이블TV에서 상영된 영화는 중복률이 50~60%이고, 두 분야에서 방송된 영화의 편수는 120~130편에 그친다. 온라인에서는 주로 3대 인터넷 영상 사이트인 Aiqiyi, Youku, Tencent를 통해 방송되고 총 250~300편 정도이다. 불완전한 통계에 따르면 약 20~30개 불법 사이트가 존재하고 있고 '씨과망', '한쥐망' 등 사이트에 평균 보유하고 있는 한국 영화 수량은 약 1,000편 가량에 달한다. 많이 보유한 사이트에는 2,000편에 도달할 수 있지만, 불법 사이트의 경우, 영화의 화질이 낮아 정상적으로 관람할 수 있는 영화는 약 1,000-1,200편이다. 위의 4개 주요 채널 이외 음반 영상을 통하여 중국 시장에 유통되고 있는 한국 영화는 대략 300편이 있다. 현재 중국에는 오프라인 음반 영상 제품 가게가 거의 운영되지 않아 거의 사라졌다고 봐도 무방하다. 또한, 영화 전시회, 영화제를 통하여 중국에 유통되는 한국 영화도 있다. 특히 '한중 영화 전시회'는 2003년 개최된 이후 매년 약 10편의 한국 영화가 상영되고 기타 영화제 (베이징 국제영화제, 상하이 국제영화제 등)에 상영된 영화를 합치면 약 300편에 달한다.

위에서 언급한 바와 같이 합법적으로 중국에 진출한 한국 영화는 중복된 부분을 제외하면 약 300~400편이 있다. 불법 경로를 통하여 중국에 진출한 한국 영화는 약 1,000~1,200편이 있고 이는 합법적으로 진출한 한국 영화보다 3, 4배가 더 많다. 영화관, TV, 합법 영상 사이트, 영화 전시회 등 다양한 공식 경로로 진출한 영화도 모두 불법 사이트에 수록되어 있다. 그러므로 불법 사이트는 한국 영화를 가장 많이 확보한 플랫폼이라고 할 수 있다. 아래에서는 불법 사이트에 수록된 한국 영화 장르에 대하여 정리하고자 한다. 이는 불법 사이트에 있는 한국 영화가 중국에 진출한 거의 모든 한국 영화를 포함하였기 때문이다.

〈표 8〉의 특징과 원인을 다음과 같이 분석하고자 한다. 중국에 진출한 한국 영화의 장르는 다음과 같이 몇 가지 특징이 있다.

첫째, 불법 사이트에 있는 한국 영화의 장르는 대략 코미디, 액션, 로맨스, 공포, 판타지, 전쟁 등 6가지 장르가 있고 이 중에 코미디, 로맨스, 액션 영화가 많은 부분을 차지하였고 판타지, 공포, 전쟁 영화의 수량은 비교적 적었다.

표 8 불법 유포 주요 동영상 사이트 정리

사이트 이름	코미디	액션	사랑	공포	판타지	전쟁	총수	비고
일본영화	103	109	89	54	11	3	751	
런런영상 (人人影视)	115	120	91	78	25	9	589	
치치영화 (琪琪电影)	195	155	85	91	18	10	1104	
디에띠이오망 (碟调网)	241	212	198	153	18	20	1401	
66영상 (66影视)	330	310	322	131	/	/	1804	
한미TV (韩迷TV)	34	30	/	/	/	/	180	
한국드라마망 (韩剧网)	134	157	100	80	10	8	1005	폐쇄
씨과망 (西瓜网)	95	90	100	50	20	5	750	폐쇄

데이터 출처: 자체 구성

둘째, 코미디와 로맨스 영화가 제일 많고 액션 영화도 많지만, 액션 영화는 보편적으로 서사가 간단하고 스토리 구성도 부족하며 액션 장면에 집중되어 있다. 따라서 액션 영화는 일반적으로 로맨스나 코미디 등 다른 장르와 결합되어 제작된다.

셋째, 범죄 영화는 통계에 들어있지는 않지만, 중국에 많이 진출한 것으로 확인되었다. 개별적인 통계에 따르면 코미디 장르 영화와 수량이 비슷하다.

넷째, 로맨스, 코미디, 범죄 영화는 기타 장르보다 월등하게 많고 3가지 장르 영화 간의 수량 차이가 거의 없고 그 중 코미디 영화의 수량이 조금 많은 편이다.

코미디, 로맨스, 범죄의 영화가 많고 기타 공포, 판타지, 전쟁 등

장르가 적은 이유는 다음과 같다.

첫째, 코미디, 로맨스, 범죄 영화는 중국에서 많은 관객이 즐겨 보는 장르이다. 특히 코미디는 중국 영화 중 가장 인기가 있는 장르이다. 2010년 소규모 투자 코미디 〈인재경도(人在囧途)〉는 몇십 년간 불황기에 처해 있던 중국 영화가 발전할 수 있도록 힘을 실어주었다. 현재까지도 코미디 영화의 매출은 중국 영화 매출의 상위권을 차지하고 있다. 중국 관객들의 심미적 특징이 현재 중국에서 코미디 장르가 가장 많은 인기를 누릴 수 있게 해주었다고 생각된다.

둘째, 로맨스 영화도 오래전부터 관심을 받고 있는 중국의 전통 영화 장르이고 한국 영화가 중국에 진출한 최초의 영화 장르이기도 하다. 특히 2000년 초의 청춘 로맨스 영화와 코미디로맨스 영화의 아름다운 화면과 로맨틱한 이야기가 많은 관객들의 마음을 사로잡았다.

셋째, 범죄 영화는 "범죄자"가 주인공이고 경찰과의 추격전을 스토리로 전개된다. 일부 영화에는 범죄자의 영웅 품격을 칭찬하는데 이는 중국 사회주의 가치관과 반대인 성향을 보이기도 한다. 따라서 이런 장르의 영화는 대부분 영상 사이트에 따로 범죄 영화 장르로 분류되지 않고 있다. 그러나 중국에 진출한 한국 범죄 영화가 적은 편은 아니다. 중국 관객이 현실을 주제로 사회를 반영한 범죄 영화를 접할 기회가 없어 한국 범죄 영화가 중국에 진출하면서 초기에 많은 사람들의 관심을 끌었다. 예를 들면 〈살인의 추억〉은 상영하자마자 중국 관객들의 호평을 받았다.

넷째, 기타 장르의 영화가 적은 이유는 다양하다. 특히 정치 영화, 공포영화는 중국에서 예민한 주제로, 전파하는 데 쉽지 않다. 중국 영화의 심사제도가 매우 까다롭고 "귀신이 나타나는 것"도 금지되어 있다. 따라서 중국에서 진정한 공포영화가 거의 없고 대부분 주인공이 정신적인 충격 때문에 연상하는 방식으로 이야기가 전개되고 진정한 의미의 귀신이 영화에는 존재하지 않았다. 정치 영화는 대부분 영웅을 칭찬하거나 국가 번영을 찬송하는 내용이기에 국가 이미지 홍보 차원에 속하고 이는 관객의 관심을 끌기 어려웠고 양도 많지 않았다.

다섯째, 판타지나 재난 영화 같은 경우 영화 기술의 제한과 대량의 투자가 필요하기에 양이 많지 않았다. 또한, 역사, 전쟁 등 한국과 중국 문화적 문제 관련 영화가 적은 이유는 중국 관객이 한국 역사에 대한 이해도가 부족하고 역사 사건과 스토리에 대한 공감대가 형성될 수 없기 때문이다.

2) 영화의 수준

다음은 중국에 공신력이 있는 평론 사이트인 'Douban 영화'와 'Souhu 영화' 사이트를 통하여 한국 영화에 대한 평점의 시각에서 퀄리티 부분을 정리하고자 한다.

아래 표에서 볼 수 있듯이 범죄, 코미디, 로맨스가 평점이 높은 상위권에 진입하였고 공포, 판타지, 재난 영화는 낮은 순위를 차지하였다. 'Douban 영화' TOP 10순위에서 범죄 영화는 5편, 로맨스 영화는 2편, 코미디 영화는 2편 있고; 'Souhu 영화'에는 범죄 영화 5편, 코미디 2편, 로맨스 영화가 1편이 있다. 범죄, 로맨스, 코미디 장르의 영화는 수량과 퀄리티 모두 TOP 3에 들어갔다. 3가지 장르의 차이는 양적으로는 코미디 장르가 가장 많고 퀄리티로는 범죄 장르가 가장 높다. 한국 범죄 영화의 정교한 서스펜스 설정, 인간의 본성을 드러내는 복잡한 사색, 소외계층에 대한 관심, 인간적인 정서의 표현 등은 모두 영화가 인기를 끌 수 있는 주요 요인이라고 보여진다.

표 9 한국 영화 순위 30(중국 Douban)

순위	영화 제목	장르	Douban 평점
1	도가니 〈熔炉〉	범죄	9.3
2	소원 〈素媛〉	범죄	9.3
3	변호인 〈辩护人〉	범죄	9.2
4	그대를 로맨스합니다 〈我爱你〉	로맨스	9.1
5	집으로... 〈爱·回家〉	로맨스	9.1
6	7번방의 선물 〈七号房的礼物〉	코미디	8.9
7	살인의 추억 〈杀人回忆〉	범죄	8.9
8	신세계 〈新世界〉	범죄	8.9
9	심야카페시즌3: 산복스토커 〈深夜咖啡屋3: 好奇跟踪者〉	로맨스	8.9
10	기생충 〈寄生虫〉	코미디	8.8
11	써니 〈阳光姐妹淘〉	코미디	8.8
12	아이캔스피크 〈我能说〉	코미디	8.8
13	공동경비구역 JSA 〈共同警备区〉	전쟁/공포	8.8
14	우리들의 일그러진 영웅 〈小校风云〉	드라마	8.8
15	더 테러 라이브 〈恐怖直播〉	범죄	8.7
16	부산행 〈釜山行〉	범죄	8.6
17	82년생 김지영 〈82年的金智英〉	드라마	8.6
18	김복남 살인사건의 전말 〈金福南杀人事件始末〉	범죄	8.6
19	자산어보 〈兹山鱼谱〉	역사	8.6
20	아저씨 〈孤胆特工〉	범죄	8.6
21	오아시스 〈绿洲〉	로맨스	8.6
22	헬로우 고스트 〈开心家族〉	코미디	8.6
23	시 〈诗〉	드라마	8.6
24	황해 〈黄海〉	범죄	8.5
25	박하사탕 〈薄荷糖〉	드라마	8.5
26	봄 여름 가을 겨울 그리고 봄 〈春夏秋冬又一春〉	드라마	8.5
27	국제시장 〈国际市场〉	범죄	8.5

순위	영화 제목	장르	Douban 평점
28	웨딩드레스 〈结婚礼服〉	가족애	8.5
29	계춘 할망 〈季春奶奶〉	가족애	8.5

데이터 출처: Data source: China Douban.com

표 10 가장 영향력이 있는 한국 영화 순위 20(중국 Sohu)

순위	영화 제목	장르
1	부산행 〈釜山行〉	공포
2	올드보이 〈老男孩〉	범죄
3	추격자 〈追击者〉	범죄
4	써니 〈阳光姐妹淘〉	코미디
5	세븐데이즈 〈七天〉	범죄
6	변호인 〈辩护人〉	범죄
7	도둑들 〈夺宝联盟〉	범죄
8	뷰티인사이드 〈内在美〉	로맨스
9	공동경비구역 JSA 〈共同警备区〉	범죄
10	수상한 그녀 〈奇怪的她〉	코미디
11	아저씨 〈孤胆特工〉	범죄
12	7번방의 선물 〈七号房的礼物〉	코미디
13	곡성 〈哭声〉	범죄
14	엽기적인 그녀 〈我的野蛮女友〉	코미디로맨스
15	집으로... 〈爱·回家〉	가족
16	헬로우고스트 〈开心家族〉	코미디
17	국제시장 〈国际市场〉	로맨스
18	장수상회 〈长寿商会〉	가족
19	소원 〈素媛〉	범죄
20	도가니 〈熔炉〉	범죄

3) 한국 영화의 중국 리메이크판 정리

영화 수량과 품질의 측면 외에, 한국 영화의 중국 리메이크판에 대하여 다음과 같이 정리해 보고자 한다. 지난 20년간 중국에서 리메이크된 한국 영화는 〈표 11〉에서 보여주는 것과 같이 코미디, 로맨스, 범죄의 장르에 집중되어 있다. 코미디 영화는 9편으로 가장 많고 로맨스 영화와 범죄 영화가 그 뒤를 이었다. 한국 코미디, 범죄 영화, 로맨스 영화가 중국에서 가장 많이 리메이크된 원인을 분석하면 첫째, 이 세 가지 장르는 한국 영화 중 가장 발전한 영화 장르이고 양도 많고 시장과 관객의 평가도 높기 때문이다. 둘째, 이 세 장르의 영화가 한국, 중국 문화와 윤리 문제를 반영해 강력한 현실적 의미를 지니고 있기 때문이다.

이 세 장르가 바로 중국에서 가장 주요하게 전파된 한국 영화 장르이고, 동시에 중국 관객들이 선호하는 영화 장르이기도 하다. 따라서 이 장에서는 중국에서 영향력이 가장 큰 범죄, 코미디, 로맨스 장르에서 리메이크된 작품에 대해 비교분석을 진행하고자 한다.

표 11 한국 영화의 중국 리메이크 현황

장르	중국판	Douban 평점	한국판	Douban 평점	비고
코미디	외공방령38 〈外公芳龄三十八〉	4.2	과속스캔들 〈非常主播〉	7.9	
	20세여, 다시 한번 〈重返20岁〉	7.1	수상한 그녀 〈奇怪的她〉	8.3	一本两拍 하나의 극본 두 번 촬영
	작은 소원 〈小小的愿望〉	5.1	위대한 소원 〈伟大的愿望〉	7.4	
	아름다운 의외 〈美好的意外〉	5.5	미쓰 와이프 〈妻子小姐〉	7.3	
	써니 〈阳光姐妹淘〉	4.5	써니 〈阳光姐妹淘〉	8.8	
	비밀경찰: 랍스터 캅 〈龙虾刑警〉	4.9	극한직업 〈极限职业〉	7.7	一本两拍 하나의 극본 두 번 촬영
	대영가 〈大赢家〉	6.8	바르게 살자 〈率性而活〉	8.3	
	선행자 2: 스페어 타이어 반격 〈前任 2: 备胎反击战〉	5.2	남자사용 설명서 〈男人使用说明书〉	5.5	
	로스앤젤레스 소동 계획 〈洛杉矶捣蛋计划〉	5.5	파파 〈爸爸〉		
	따뜻한 포옹 〈温暖的抱抱〉	5.4	플랜맨 〈计划男〉	7.4	
범죄	나는 증인이다 〈我是证人〉	6.1	블라인드 〈盲证〉	7.5	
	숨바꼭질 〈捉迷藏〉	5.4	숨바꼭질 〈捉迷藏〉	6.8	
	The Big Shot 〈“大”人物〉	6.6	베테랑 〈老手〉	7.6	

장르	중국판	Douban 평점	한국판	Douban 평점	비고
범죄	Peace Breaker 〈破局〉	6.2	끝까지 간다 〈走到尽头〉	7.9	
	너는 흉악범이다 〈你是凶手〉	6.0	몽타주 〈蒙太奇〉	8.0	
로맨스	슬픔보다 더 슬픈 이야기 〈比悲伤更悲伤的故事〉	5.5	슬픔보다 더 슬픈 이야기 〈比悲伤更悲伤的故事〉	7.7	
	내 여자친구가 로봇이다 〈我的女友是机器人〉	3.5	내 여자친구가 로봇이다 〈我的机器人女友〉	7.5	
	이별 계약 〈分手合约〉	5.7	선물 〈礼物〉	7.7	
	너의 결혼식 〈你的婚礼〉	4.8	너의 결혼식 〈你的婚礼〉	7.3	
	남자가 로맨스할 때 〈当男人恋爱时〉	6.6	남자가 로맨스할 때 〈当男人恋爱时〉	7.9	
미스터리	너를 찾을 때까지 〈找到你〉	7.4	미씽: 사라진 여자 〈迷失: 消失的女人〉	6.9	一本两拍 하나의 극본 두 번 촬영

데이터 출처: 자체 구성

2. 로맨스 장르에 대한 중국 리메이크와 한국 원작 비교

한국과 중국 로맨스 영화의 서사 모델에는 크게 2가지가 있다. 하나는 "로미오와 줄리엣식"의 로맨스 이야기, 즉 주인공이 첫눈에 반하고 각종 어려움을 겪은 후 로맨스를 이루는 방식이고, 다른 하나는 〈엽기적인 그녀〉처럼 남녀 주인공은 첫눈에 반한 것이 아니라 스토리가 전개되면서 서로 알아가는 과정에서 로맨스가 이루어지는 방식이다. 논리적이고 합리적인 서사 모델과 스토리는 로맨스 내용이 전개될 수 있는 전제이다. 서사의 모델은 스토리의 구조가 되고 서사의 내용은 스토리의 진정한 부분이므로 내용의 합리화는 관객들이 로맨스 영화에 빠질 수 있는 중요한 지점 포인트이다. 그 외에도 한국 로맨스 영화와 중국 리메이크판은 영상 스타일, 로맨스 관념에 대한 각 민족의 특성으로 인해 각자 다른 특징을 보여주고 있다. 다음은 영상 스타일, 서사 내용, 사랑에 대한 관념 등 3가지 측면에서 한국 로맨스 영화와 중국에서 리메이크된 영화에 대해 비교 분석하고자 한다.

1) 영상 스타일

한국 로맨스 영화의 주된 특징은 섬세하고 아름다운 영상 스타일과 함께 함축적이면서도 현대 감각이 뚜렷한 동방의 로맨스 표현 방식으로 유명하다. 한국 로맨스 영화와 중국 리메이크된 영화의 차이점은 한국 로맨스 영화에는 섬세하고 아름다운 스타일에 씁쓸하고 답답한 슬픈 로맨스가 들어가 있는 반면, 중국에서 리메이크한 로맨스 영화는 한국 로맨스 영화의 기본적인 특징 이외에 명쾌한 로맨스에 일부 코미디 요소까지 추가된 점이다. 예를 들면 〈이별 계약〉은 전체 영화 스타일은 섬세하고 아름다운 배경으로 진행되지만, 앞 60분과 뒤 40분의 스토리 전개가 완전히 다르다. 앞부분은 유쾌하고 즐거운 분위기로 구성된 청춘 로맨스 이야기고, 뒷부분은 여자 주인공이 암에 걸린 사실이 등장하면서부터 답답하고 씁쓸한 분위기로 전개되고 있었다. 그러나 한국 원작 〈선물〉에는 처음부터 끝까지 슬픈 로맨스였다. 남자 주인공은 코미디 배우지만 사업적으로 어려움을 겪고 있고 결혼 후 매일 사소한 일로 인해 가정불화가 발생하는 앞부분부터 여자 주인공이 죽기 전에 상대방에게 좋은 선물을 준비하는 뒷부분까지 영화 분위기가 씁쓸하였다. 〈엽기적인 그녀〉는 여자 주인공의 남자친구가 죽고 마음에 고통으로 가득한 상황에서 새 남자친구의 마음을 받아줄지에 대한 복잡미묘한 심리를 보여주었다. 영화를 시작할 때 전 남자친구의 죽음은 이미 영화의 우울한 분위기를 조성하였다. 그러나 중국에서 리메이크한 〈엽기적인 그녀〉는 시작할 때부터 연인 상봉의 장면이 나타나 남녀 주인공이 아름다운 생활과 미래에 대하여 희망이 찬 영화로 스토리가 전개되고 전반적으로 명랑하고 따뜻한 분위기였다.

2) 서사 내용

한국 원작 영화는 서사가 더 섬세하고 합리적이며 신뢰도가 높았다. 한국 로맨스 영화는 대부분 투자가 적어 내용이 복잡하지 않고 섬세한 감정과 치밀한 논리로 시청자들의 관심을 끈다. 원작 〈내 여자친구는 로봇이다〉는 로봇인 여자 주인공이 시공을 초월하여 남자 주인공과 사랑을 하는 내용이다. 영화는 2007년, 2008년, 2070년, 2113년

5개의 시·공간을 넘어 3번의 다른 인생과 운명으로 스토리를 전개하였고 매번 진화하는 과정을 거쳤다. 남자 주인공은 처음에 자신을 구조하는 것에서부터 다른 사람에 의해 구조되는 것까지 인격이 진화되면서 관객에게 적극적이고 선량한 남자 주인공의 이미지를 남겨줬다. 그러나 중국판 〈내 여자친구는 로봇이다〉는 남자 주인공의 신분이 바뀌었다. 대학생에서 일상이 산만한 가이드로 변경되어 게으른 면이 강조되면서 순진하고 선량한 모습은 볼 수 없었다. 스토리도 남자 주인공이 로봇을 수리하는 부분이 생략되고 바로 여자아이가 여자 로봇을 사고 시·공을 초월하는 스토리로 바뀌어 논리적으로 완전한 스토리가 형성되지 못하였다. 또는 한국판의 〈슬픔보다 더 슬픈 이야기〉에는 암에 걸린 남자 주인공이 매일 많은 약을 먹어야 하는데 여자 주인공에게 들키지 않기 위하여 약을 비타민 케이스에 넣어 비타민을 먹는다고 여자 주인공을 속여왔다. 어느 날 여자 주인공이 이 '비타민'을 잘못 복용하여 어지러운 증상이 나타나면서 남자 주인공이 암에 걸렸다는 사실을 알게 된 내용 전개가 현실과 가까워 신뢰도가 높았다. 그러나 중국판에는 남자 주인공이 여자친구 앞에서 약을 먹지만 여자 주인공은 남자 주인공이 항암 치료제를 먹고 있다는 것을 모른 채로 10년간 함께 사는 데 이 부분이 다소 신뢰도가 떨어진다고 할 수 있다. 그러므로 중국에서 리메이크한 한국 영화는 서사와 논리 전개 부분에서 아직 부족한 점이 많다고 할 수 있다.

3) 사랑에 대한 관념

한국판 영화는 로맨스의 철학적인 표현을 추구하는 반면, 중국판 영화에는 로맨스의 사회성에 대한 논의가 많다. 한국판의 영화는 로맨스 부분에 중점을 두고 순수한 로맨스로 관객의 마음을 움직이는 동시에 관객에게 애절함을 심어준다. 따라서 '사랑할까 말까', '사랑의 소멸', '사랑의 불멸' 등 문제에 대하여 고민하도록 한다. 하지만 중국판의 로맨스 영화 같은 경우 대부분 로맨스와 사회문제를 엮어 주인공의 운명을 설정하고 순수한 로맨스 스토리의 사회 의미와 현실 의미를 반영하고자 한다. 영화 〈너의 결혼식〉은 청춘, 로맨스, 첫사랑에 관한 영화로서 남자 주인공이 여자 주인공에게 첫눈에 반하여 15년 동안 사랑을 하는 내용으로 제작된 영화다. 중국판은 사업과 사랑의 충돌을 중심으로 전개하여 태풍 때문에 남자 주인공이 자기에게 가장 중요한 수영 대회를 포기하고 여자 주인공을 구하러 가는 스토리가 전반부이다. 그러나 후반부에서는 남자 주인공이 부상을 당하게 되고 여자 주인공과의 사랑을 이루었지만, 삶의 주요한 일부분인 수영을 할 수 없게 된 남자 주인공이 여자 주인공에 대한 불만이 쌓이면서 결국은 사랑까지 잃고 마는 스토리로 전개된다. 사랑과 일의 충돌과 같은 현실 문제는 관객에게 생각할 여지를 남겨주었지만, 한국판에서는 남녀 주인공의 풋풋하고 달콤한 사랑 스토리를 주요 내용으로 구성하였고 첫사랑에 대한 추억과 생각을 표현하였다. 가슴 속에 깊이 새긴 첫사랑은 대부분 이루지 못하는데 이는 인생의 중요한 일부분이지만 인생의 전부가 아니었다. 한국판은 영화의 내용을 통해 관객들이 자신의 첫사랑을 되돌아볼 수 있게 하여 관객과의 공감대를 형성하였다. 〈엽기적인 그녀〉에서도 마찬가지로 한국과 중국판의 스토리 내용이 매우 달랐다. 중국판에는 남녀 주인공의 로맨스 이야기뿐만 아니라 고부간의 갈등도 있었다. 여자 주인공은 시어머니와 첫 만남부터 싸우게 되어 중국의 고부 갈등 문제를 반영하였다. 한국판에서는 전 남자친구를 잃은 여자 주인공이 새 남자친구를 받아드리는 문제를 중심으로 전개되고 전 남자친구와의 영원한 사랑을 계속할지 아니면 현 남자친구의 사랑을 받아줄지에 대한 내용을 구성하였으나 가정 문제나 사회문제에 대한 반영은 없었다.

전체적으로 보면 중국에서 리메이크된 한국 영화의 평판은 한국판보다 낮은 편이다. 로맨스 영화에 대한 서사 논리성이 부족하고 영화 내용이 합리적이지 않았다. 근본 원인을 분석해 보면, 중국 창작자의 제작 태도가 올바르지 않은 것이다. 영화 대본은 한국 영화 내용을 그대로 원용한 것이었으나 중국 현실과 거리가 멀었다. 배우들의 연기도 원작 주인공의 연기를 그대로 따라 하기만 하였다. 〈엽기적인 그녀〉의 중국 여자 주인공 숭챈(宋茜)의 연기는 전지현의 엽기적인 연기를 따라 했지만, 연기력이 전지현만 못했다. 전지현의 엽기적인 연기는 불가사의하면서도 순진하고 귀여웠지만, 숭챈의 연기는 어머니가 아들을 보호하는 듯한 느낌을 주었다. 로맨스 영화는 중국 관객들이 가장 좋아하는 영화 장르로 한국 영화의 리메이크에 대한 지속적인 학습은 중국 영화 발전에 있어 큰 의미가 있을 것으로 예상된다.

3. 중국에서 리메이크된 한국 범죄 유형 영화 현황 분석

한국 범죄 장르 영화의 주인공은 대부분 범죄자를 중심으로 하고 스토리 배경은 일반적으로 사회현실 문제나 사회의 핫한 이슈에 대해 다루고 있다. 범죄를 저지른 과정에 대부분 폭력적인 액션 장면이 등장하고 '액션, 스릴러, 탐정' 등 여러 요소가 포함되어 있다. 범죄 영화의 주요 의미는 사회의 어두운 상황을 노출하고 "인과응보(因果應報)"의 메시지를 담고 있다. 따라서 사회 배경, 범죄 인물, 주제 요소가 선명하다는 것은 범죄 영화의 전형적인 특징이다. 또한, 중국의 탐정 영화는 대부분 범죄 영화 범주에 속한다. 탐정 영화에는 경찰 주인공이 범죄사건에 대하여 수색하는 과정을 내용으로 스토리가 전개되는 과정에 경찰과 범죄자 간의 두뇌 싸움으로 구성된다. 탐정 영화와 범죄 영화는 주인공의 시각이 다를 뿐 상호 연관성이 있기 마련이다. 그러므로 중국에서 리메이크된 한국 범죄 영화에 대한 비교 분석은 다음과 같이 3가지 측면으로 다루어 볼 수 있다.

1) 등장 화면

한국 범죄 영화에 나타난 장면은 중국의 리메이크 영화보다 더 폭력적이고 범죄 내용이 더 심각하고 범죄자가 더 흉악하다는 것이 특징이다. 범죄 영화의 내용은 대부분 경찰과 범죄자 간의 두뇌 싸움으로 전개되고 과격하고 폭력적인 장면이 등장하는 것과 범죄자의 잔인한 범죄 수단을 강조하는 것을 특징으로 한다. 한국판의 영화 〈블라인드〉에 경찰이 범죄자 집에 찾아갔을 때 지하실에서 많은 여성들의 시체를 발견한 장면이 있었다. 범죄자는 낮에는 의사 신분으로 지내고, 밤에는 변태 살인마가 되어 여성을 유인하고 정신을 잃게 한 뒤에 강간하고 살해한다. 중국판의 〈나는 증인이다〉에서 정형외과 의사인 범죄자는 실수로 자기 여동생을 죽였고 밤마다 젊은 여성들을 납치해 자기 여동생의 모습으로 강제적으로 성형수술을 한다. 중국판 영화에 나타난 이 범죄자는 극악무도한 악인이 아닌 여동생을 잃은 타격으로 정신이 온전치 못해 범죄를 저지른 것이다. 또한, 납치해온 여성을 죽이지 않았고 단순히 자기 여동생의 모양으로 강제 성형을 시킨 것이었다. 한국판의 영화 〈베테랑〉 속 주인공 조태오는 도박, 마약, 여성을 모욕하는 등 많은 범죄 행위를 저지른 이미지로 매우 흉악하다. 영화 속 한 장면으로 클럽 파티에서 경찰이 조태오와 농담을 했더니 기분이 나빠진 조태오가 자신의 여자 직원을 모욕하고 얼음 덩어리를 여자 직원 가슴 속에 붓고 케이크를 얼굴에다 박는 장면을 연출했는데, 여자 직원은 단지 조태오 개인의 분노 분출 대상에 불과했다. 중국판인 〈대인물〉은 재벌 2세가 경찰로 인하여 기분이 나빠져 자기 여자 직원에게 술을 먹이고 물총으로 여자 직원에게 물을 쏘는 행위만 했는데, 이는 한국판에 비하면 흉악한 정도가 많이 떨어진 것이었다. 이를 볼 때 범죄의 목적이나 수단 모두 한국 원작 영화가 중국판보다 많이 극단적인 것을 확인할 수 있다.

2) 사회 배경

한국판의 범죄 영화는 영화를 제작하는 부분에 있어 중국 리메이크 영화에 비해 범죄의 사회 배경 이슈를 더 잘 활용한다. 범죄 영화는 각 나라의 사회 이슈를 스토리 배경으로 설정하고 편집하여 제작한 것이다. 한국 영화 〈살인의 추억〉은 한국에서 해결되지 못한 사건을 배경으로 한 영화이다. 1986년 9월 15일에서 1991년 4월 3일까지 경기도 화성시 인근 마을에 10명의 젊은 여자들이 살해되고 한 명만 생존한 사건이 발생하여 당시 한국 사회에서 이슈화되고 한국 여성들의 늦은 시간 귀가의 안전 문제를 보여주었다. 미국 할리우드 범죄 영화를 참고하고 이에 한국 사회의 현실 이슈를 결합하여 현실주의 창작을 시도한 색채가 농후하다. 여러 스토리의 내용은 실제 사건이나 뉴스 보도에서 유래될 뿐만 아니라 사회적인 모순도 스토리 전개의 추진력이 되기도 했다. 한국 원작 영화 〈숨바꼭질〉은 한국에서 일부 집이 없는 노숙자가 다른 사람 집에서 숨어 사는 상황을 배경으로 하였다. 그러나 중국과 같은 사회주의 국가에는 낯선 사람 집에서 숨어 사는 노숙자가 없고 연속 살인마도 없는 상황이기에 중국판 〈숨바꼭질〉이 한국 원작 영화 내용을 그대로 옮김으로써 관객들은 중국 현실과 이탈된 영화 내용을 이해할 수가 없었다.

3) 주제 비판

한국 원작 범죄 영화의 비판 의식은 중국 리메이크 영화보다 강하다. 일반적으로 한국이 범죄 영화의 '싸움', '미스터리' 부분은 단순한 영화 전개의 과정이고 사회 모순과 악한 생활 현황을 비판하는 것이야말로 영화의 핵심 취지이다. 이와 반대로 중국에서 리메이크된 영화의 경우 사회 모순과 문제에 대한 비판을 의도적으로 회피한다. 한국 원작 영화와 비교할 때 중국판 영화는 대부분 사회와 정부를 옹호하고자 하는 입장이다. 경찰은 범죄 영화 속 나타나는 전형적인 등장인물이다. 한국판 영화 〈끝까지 간다〉에서는 어머니가 돌아가시고 뇌물 수수의 혐의로 조사를 받는 경찰 주인공이 어머니의 장례를 치르러 가는 도중에 우발적으로 사고를 일으켜 행인이 죽은 후 증거를 인멸해버렸다. 경찰 주인공은 더 이상 정의의 대표가 아니라 선과 악에서 망설이는 존재로 되어 증거를 인멸하기 위하여 죽은 당사자를 자기 어머니와 함께 관에 넣어 불효하고 인성이 없는 존재가 되어 버렸다. 그러나 중국판 영화 〈Peace Breaker〉에는 스토리가 발생한 장소를 중국이 아닌 쿠알라룸푸르로 설정하였고 경찰 주인공도 말레이시아

국적을 가진 중국인으로 변경하였다. 한국판 영화의 장소가 한국인 것과 비교할 때 중국 경찰 문제를 제시하는 부분에서 많이 약화되었다. 한국판 영화 〈베테랑〉은 경찰 서도철이 사건을 조사하면서 한국 경찰이 뇌물을 받은 사실을 알게 되었는데 이는 바로 한국 사회의 공직자 횡령과 뇌물 수수의 어두운 문제를 숨김없이 폭로하는 것이다. 중국판 영화 〈대인물〉에서는 경찰이 뇌물 수수하는 장면을 삭제하였다. 왜냐하면, 중국 경찰은 정부와 정의의 대표이고 사회주의제도 하에 허물이 없는 존재이기 때문이다. 중국 경찰은 사회주의 체제를 유지하는 단체이고 불법을 저지르면 안 되는 인물이다. 요약하면 한국 원작의 범죄 영화는 정부를 비판하고 사회 불공정한 현상에 대해 폭로하고 정부와 국민의 반성을 하게 하는 것이 목적이다. 중국 리메이크 영화의 주제는 대부분 국민을 위하여 악의 존재를 배제하고 강한 나라와 정부가 있으므로 인해 모든 범죄자가 반드시 체포될 것이고 사회 안전이 보장될 것이라는 메시지를 전달하는 것이 주된 목적이다.

요약하면 중국에서 한국 범죄 영화를 리메이크하는 것 자체가 일정한 어려움이 있고 대부분 리메이크된 영화도 흥행을 거두지 못했다. 비록 원작 내용에 의존하여 최대한 중국의 현지 요소를 추가해 개편하고자 하였지만, 주제 의미 측면에서 많이 약화되어 중국판 범죄 영화의 예술적 가치에 직접적인 부작용을 주었다.

중국에서 리메이크한 범죄 영화가 성공하지 못한 이유는 다음과 같다. 첫째, 심사제도가 엄격하다. 한국 범죄 영화는 조사, 복수, 분노 표출 등 핵심 내용이 등장한 후 범죄자가 법의 제재를 벗어나고 피해자가 고통을 받는 것과 같이 원만하지 못한 결말로 끝나는 것이 대부분이다. 그러나 중국에서는 중국 현황과 심사제도에 맞게 수정해야 하여 대부분 리메이크된 영화의 결말은 예민한 사회 주제를 회피하고 폭력적인 장면을 삭제함으로 사회 평화의 주류 가치관과 "인과응보 결과를 얻는다는 원만한 결말로 끝을 낸다. 따라서 중국은 범죄 영화가 심사를 통과하더라도 중국 경찰의 지혜와 중국 정부의 대단함을 칭송하고, 사회의 평화와 안전, 국가 번영, 국민이 행복한 나라로 건설하는 것이 영화의 취지이므로 사회문제를 폭로하고 정부를 비판할 수 없다. 둘째, 민족 심리가 다르다. 한국 범죄 영화 중 극단적인 영화 내용 전개, 극단적인 인물 등장 등 부분이 출현 가능한 이유는 한민족 마음속에 있는 독특한 '한(恨)' 문화이다. 슬픔과 고통이 가득하면서 적극적인 힘을 가진 것은 한민족이 어떤 일이든 이겨낼 수 있는 강인한 습관을 유지하게 한다. 이와 달리 중국 영화 속에는 항상 유교 문화의 '화해', '박애' 요소가 가득하다. 한국 범죄 영화를 리메이크할 때 그대로 따라 하게 되면 내용의 부적합, 인물 사건의 불합리, 논리의 가치 혼란 등 문제를 일으킬 수 있다. 따라서 중국 범죄 영화가 성공하려면 한국 범죄 영화를 통하여 학습한 것을 바탕으로 중국 사회문제와 '미스터리, 공포, 탐정' 등 장르와 결합해야 하고 창작 방식과 촬영 기술을 향상시키고 중국 특색이 있는 영화로 발전해 나갈 필요가 있다.

4. 중국의 리메이크와 한국 코미디 영화의 비교

한국 코미디 영화는 비전통적이고 반장르적인 내러티브 구조와 방식으로 전통적인 관념을 탈피한다.[19] 한국 코미디 영화는 과장한 신

19 곽방홍(郭方红), 「한국 코미디 영화의 예술적 특징 요약」, 『영화문학저널』, 2011.

체 연기, 독특한 언어 특징과 음악 요소 등이 잘 어울리는 예술적 특징을 지니고 있다. 통계에 따르면 중국에서 리메이크한 한국 코미디 영화는 18편이 있다. 다음에서는 중국에서 한국 코미디 영화를 리메이크한 작품에 대한 비교연구에 초점을 맞추고자 한다.

1) 코미디 효과

한국 코미디 영화의 코미디 효과는 중국에서 리메이크한 영화에 미치지 못한다. 한국과 중국의 문화가 유사하지만 사회 제도, 문화 배경 등 부분에서 모두 차이점이 존재하기 때문에 중국 관객에게 한국 영화의 일부 웃음 포인트는 낯설고 이해가 안 된다. 예를 들어 미국 사람들의 농담은 미국인이나 유럽인에게 통하지만, 아시아 사람에게 통하지 못할 수도 있다. 이는 양국의 문화와 제도에 차이점이 존재하기 때문이다. 한국판 코미디 〈수상한 그녀〉에서는 여자 주인공이 젊은 시절로 돌아가 반말을 하는 습관을 고치지 못하고 사투리를 사용함으로써 젊은 외모와 노인의 생각 사이의 충돌 같은 포인트로 많은 웃음거리를 선보였다. 이는 한국에는 고유의 존댓말 체계가 존재하여 어른에게 존댓말을 해야 하는 문화가 있기 때문이다. 주인공이 젊은 시절 외모로 돌아가 어른들에게 존댓말을 해야 하는 상황임에도 생각 방식은 여전히 노인이어서 존댓말과 반말을 혼용하며 관객들의 웃음을 자아냈던 것이다. 그러나 이런 코미디는 존댓말 체계가 없는 중국에서는 관객들의 공감을 얻지 못했다. 또한, 한국 코미디 영화 〈써니〉에서는 이유연이 담배를 물고 등장하였다. 하지만 중국판에서는 담배를 '전즈팡(真知棒)' 막대 사탕으로 교체하여 관객들의 많은 웃음을 자아냈다. 왜냐하면 '전즈팡'은 중국의 '70 세대', '80 세대'들의 추억이기 때문이다. 여자 주인공인 고등학생 이유연이 어린 시절에 유행했던 막대사탕을 먹는 장면은 어른인 여자 주인공이 아이들을 따라 하는 것처럼 재연되어 중국 문화에 적합한 코미디 효과를 냈다. 〈외공방령38〉은 한국 코미디 영화인 〈과속 스캔들〉을 리메이크한 영화이다. 남자 주인공인 허즈우(何志武)는 예능 방송 채널의 DJ로 방송하는 과정에서 아나운서 말투로 방송하였는데 이것이 코미디 효과로 나타났다. 오락 DJ로 유쾌하고 유머러스한 말투로 방송하는 것이 정상인데, 중국에서 가장 격식 있는 7시 뉴스 아나운서의 말투로 방송하는 모습에 중국 관객이 웃을 수밖에 없었다.

2) 코미디의 풍자 효과

중국에서 리메이크된 영화보다 한국 코미디의 원작 풍자 효과가 더욱 강렬하다. 중국판 코미디 영화 〈대영가〉에서는 공안국에서 모의 은행 강도 연습을 하는 과정에 모두가 형식적인 연습이라고 생각하고 있지만 '강도' 역할을 맡은 주인공만 열심히 하는 모습이 오히려 코미디 요소가 되었던 것이다. 이는 현대 사회에서 사람들의 업무 태도가 태만하고 열심히 일하지 않는 현상도 풍자하였다. 한국판 〈바르게 살자〉의 영화 내용은 중국판과 유사하게 주인공이 강도 역할을 맡아 연기해야 하는 상황이었다. 다만 한국 영화 속 출연자는 경찰 역할을 맡았고, 중국판에서는 은행원의 역할을 맡고 있었을 뿐이다. 한국판에서 주인공을 국가 정부 이미지와 정의감이 넘치고 용기를 상징하는 경찰로 설정하는 것은 한국 경찰들의 업무 태도의 태만과 게으름을 풍자하는 효과로 중국판과 비교해 볼 때, 더욱 강력하다. 한국판에서 등장한 위선적인 경찰 고위층은 진심으로 연습을 진행하려는 것이 아니고 자신의 언론 이미지를 홍보하고 자신의 정치 영향력을 향상시키기 위하여 쇼를 한 것이다. 이와 반대로 중국판의 경찰은 모든 것은 인민을 위하는 정의로운 이미지가 강했다. 〈바르게 살자〉의 남자 주인공 정도만이 결국 자살을 한 것은 한국 경찰의 직무를 이행하지 않는 행위에 대한 불만과 분노를 표출한 것이었고 중국판에서는 남자 주인공이 결국 소중한 여인을 만났고 모든 사람이 은행 강탈 연습에 대해서는 전혀 반성하지 않았다. 풍자 코미디는 한국 영화의 중요한 부분으로써 현실을 부정하고 풍자하는 것이 바로 한국 현대 사회에 존재하고 있는 문제인 것이다.

중국에서 리메이크한 한국 코미디 영화는 전반적으로 코미디 효과가 강하고 풍자 효과가 약하다는 특징을 가지고 있다. 중국판 한국 코미디 영화 〈대영가〉, 〈20세여, 다시 한번〉, 〈외공방령38〉, 〈비밀경찰: 랍스터 캅〉 등 영화는 코미디 내용 부분에서 중국 본토화에 노력을 기울여 중국 관객의 심리 수요에 맞추었다. 그러나 대부분은 리메이크된 한국 코미디 영화의 내용을 수정하지 않고 그대로 옮기는 것이기에 중국 관객이 이해하지 못하고 코미디 영화지만 전혀 웃음을 자아낼 수 없는 문제가 존재했다. 그 원인은 우선 중국과 한국의 시대 배경이 다르고 역사적, 문화적 배경에 대한 이해가 부족하고 시나리오 작가의 능력이 부족하여 작품에 대한 합리적인 각색이 결여되었기 때문이다. 다음은 중국 관객의 영화 관람 수준이 제한적이기 때문이다. 대부분 관객들이 영화를 보는 가장 큰 목적은 일상의 스트레스를 풀고 일시적인 즐거움을 얻고자 한 것이다. 이런 목적에 초점에 두기 때문에 창작자 본인도 각색에 심혈을 기울이지 않음으로써 일부 중국 상황과 맞지 않는 리메이크 영화가 자주 등장하게 된다. 그다음으로 리메이크한 영화의 풍자 효과가 부족하다. 이런 현상이 나타난 주요 원인은 중국 사회의 문제로 분석될 수 있다. 거시적인 환경에서 국가는 경제가 고도로 발전하고 국민의 행복지수가 상승하며 사회 전체가 평화롭고 번영한 상황에서 사회의 어두운 면을 폭로하여 정부의 무능함을 풍자하는 것이 적합하지 않다고 생각되기 때문이다. 미시적으로는 중국 영화의 심사제도가 엄격하여 정부를 풍자하거나 중국 사회 이미지를 손상하는 영화는 절대 상영되지 못하기 때문이다.

5장

한국 대표 감독 사례 분석

본 장에서는 한중 합작 영화를 제작하거나 중국에서 여러 영화 작품을 상영하였거나 영향력이 비교적 큰 한국 감독들을 대상으로 조사하였다. 2010년 이전부터 한국 감독들과 협력한 중국 영화가 나타나기 시작하였다. 허진호 감독이 2009년 중국 청두에서 촬영한 영화 〈호우시절〉은 여주인공은 중국 여배우 고우왠왠(高圆圆)이며, 이 배우를 제외한 감독, 남자 주인공과 영화 제작진은 모두 한국인이다. 그 이후 2010년부터는 한국 감독들이 대거 중국에 진출하였다. 이재한, 안병기, 조진규, 임대웅은 현재까지도 중국에서 활약 중인 한국 감독이며, 곽재용, 허진호는 중국 쭝보우영화사와 계약을 체결하였다. 안병기는 중국에서 스튜디오를 설립했으며, 장태유는 중국에서 〈메이메이 쇼핑몰의 기적〉을 찍기 위해 SBS 방송사에서 휴직하고 가족들과 함께 중국으로 왔다. 〈메이메이 쇼핑몰의 기적〉, 〈바운티 헌터스〉, 〈위험한 관계〉, 〈제3의 사랑〉 등 한국과 중국 합작 영화들은 모두 한국 감독들의 작품으로, 약 20여 명의 유명한 한국 감독들이 중국영화를 제작한 것으로 추정되며 2014년 〈한중 영화 협력 협정〉 체결한 이후 한국 감독들의 중국 진출이 더욱 활발해졌다.

표 12 중국과 공동으로 영화를 제작한 한국 감독

연도	감독	영화 제목	유형	Douban 평점	흥행 수입	비고
2012	안병기	분신사바 〈笔仙〉	공포	4.6	5808.5万	
2012	허진호	위험한 관계 〈危险关系〉	사랑	5.9	6251.1万	한중 합작 영화
2013	김용화	미스터고 〈大明猩〉	스포츠	5.5	1.12亿	한중 합작 영화
2013	오기환	이별 계약 〈分手合约〉	사랑	5.8	1.92亿	한중 합작 영화
2013	안병기	분신사바2 〈笔仙2〉	공포	3.9	8209.8万	
2014	김태균	나쁜 언니의 해혼 연맹 〈坏姐姐之拆婚联盟〉	사랑/코미디	4.5	962万	한중 합작 영화
2014	곽재용	미스 히스테리 〈我的早更女友〉	사랑/코미디	5.5	1.61亿	
2014	김풍기	길위에서 〈我在路上最爱你〉	사랑	3.5	1935.9万	한중 합작 영화
2014	안병기	분신사바 3 〈笔仙3〉	공포	4.3	5034.6万	
2015	이재한	제3의 사랑 〈第三种爱情〉	사랑	5.1	7325.1万	한중 합작 영화
2015	안상훈	나는 증인이다 〈我是证人〉	범죄	6.2	2.15亿	한중 합작 영화
2015	박유환	신비가족 〈神秘家族〉	범죄	4.9	1545.8万	한중 합작 영화
2016	임대웅	〈不速之客〉	범죄	4.6	391.7万	한중 합작 영화
2016	장태유	메이메이 쇼핑몰의 기적 〈梦想合伙人〉	사랑	4.3	8084.5万	
2016	조근식	엽기적인 그녀 (중국판) 〈我的新野蛮女友〉	사랑/코미디	3.7	3412.9万	한중 합작 영화
2016	곽재용	재세계 중심 호환애 〈在世界中心呼唤爱〉	사랑	4.8	1104.2万	
2016	김제영	그래서 블랙핑크와 결혼했어요 〈所以……和黑粉结婚了〉	사랑/코미디	5	8102万	한중 합작 영화
2016	Terra Shin	바운티 헌터스 〈赏金猎人〉	코미디/액션	5.1	2.13亿	한중 합작 영화

연도	감독	영화 제목	유형	Douban 평점	흥행 수입	비고
2016	조진규	여름에는 교목아망천국이 있다 〈夏有乔木 雅望天堂〉	사랑	4.8	1.56亿	
2016	장철수	허니문 호텔 살해 사건 〈蜜月酒店杀人酒店〉	범죄	3.4	760.4万	한중 합작 영화
2016	안병기	외공방령38 〈外公芳龄三十八〉	코미디	4.2	6030.4万	한중 합작 영화
2016	박유환	기억 조각 〈记忆碎片〉	범죄	4.2	360.1万	
2017	창감독	시간을 거슬러 구조하다 〈逆时营救〉	액션/판타지	4.8	2.01亿	
2004	곽재용	내 여자친구를 소개합니다 〈野蛮师姐〉	사랑/코미디	7.0		한중홍콩 합작
2001	김성수	무사 〈武士〉	액션/역사	6.8		한중 합작 영화
2002	이시명	2009 로스트메모리즈 〈2009迷失的记忆〉	액션	6.6		한일합작
2005	서극	칠검 〈七剑〉	액션	6.0		한중홍콩 합작
2001	김영준	비천무 〈飞天舞〉	사랑/무협	5.7		한중홍콩 합작
2006	Jacob Cheung	묵공〈墨攻〉	액션	6.2		중국 촬영, 한중일 상영
2006	김성수	중천 〈中天〉	액션/사랑	5.7		韩国
2009	Eva Jin	소피으이 연예배뉴얼 〈非常完美〉	사랑	5.9		한중 합작 영화
2014	Tommy Wang	석곡란 〈石斛兰〉	가족	3.3		한중 합작 영화
2014	김풍기	길위에서 〈我在路上最爱你〉	사랑	3.6		한중 합작 영화
2014	Yijian Tong	원령 〈怨灵〉	공포	3.9		한중 합작 영화

데이터 출처: 자체 구성

1. '여성 친구를 영화로 만든 감독' _ 곽재용

1) 중국 시장의 선구자

곽재용은 어릴 적부터 감독의 꿈을 가졌고 홍콩 영화와 스타를 좋아했으며 이후에는 중국 영화와 깊은 인연을 맺었다. 곽재용은 1992년 한국에서 〈황비홍〉 시리즈를 홍보하는 홍콩 감독 쉬커(徐克)를 만났다. 2000년 이후 곽재용은 홍콩 측과 우선 협력하였지만, 우여곡절도 많았다. 곽재용은 2006년부터 홍콩 감독 류웨이챵(刘伟强)이 제작하고 정우성, 전지현, 이성재가 출연한 한국 멜로 조폭 영화 〈데이지〉에서 각본을 맡고, 2008년 쉬커 감독의 영화 〈여인불괴〉에서도 각본도 맡았다. 곽재용은 2009년 7월 쉬커의 전작 〈상하이 블루스〉를 리메이크하며 중국 시장을 공략하고 한국과 중국의 유명한 배우들을 선정하였다. 류웨이챵과 쉬커는 홍콩 감독이었지만 곽재용은 두 사람과의 만남으로 향후 중국 본토 영화 시장 진출을 위한 포석을 마련했다. 2012년 처음으로 중국 영화 〈양귀비〉의 감독을 맡게 된 곽재용은 총 1,500만 달러의 투자를 받아 중국 여러 지역에서 촬영을 했지만 성공적이지 못했고 2012년 3월 촬영을 시작한 지 한 달도 채 되지 않아 감독을 사임했다. 이번 사건은 표면적으로 중국 여배우 판빙빙(范冰冰)이 자기중심적이고 추가신을 요구하면서 한국 배우 온주완 신이 삭제된 것에 대한 감독의 불만이었지만, 더 근본적인 이유는 한중 영화 협력이 본격화되기까지 시간이 필요하기 때문이었다. 구체적으로 보면, 첫째, 한국 영화 측은 아직 중국 영화의 촬영 환경, 규칙 제도에 대해 익숙지 않으며 배우, 스태프 등 모든 면에서 중국은 한국과 규정이 달랐다. 둘째, 한국 감독과 중국 배우들 사이에는 문화적 차이가 존재하였다. 예를 들어 중국에서 배우는 출연진의 중심, 즉 스타 중심 시스템이고 출연료도 배우들이 많이 가져간다. 그러나 한국에서는 최종 결정권이 감독에게 있기에 한국 감독과 중국 배우의 협업은 불가피하게 문제가 나타났다. 셋째, 촬영 강도가 다른데 중국은 촬영 주기가 빠듯해 하루도 쉬지 않는 반면, 한국에서는 5일을 촬영하면 이틀 정도를 쉬는 편이다.

곽재용은 중국 영화 환경에 적응한 후 같은 해 2012년 4월 25일 제2회 베이징 국제영화제에 출연해, 중국 쫑보우미디어 캠퍼니의 계약 감독으로 발탁되었으며, 중국 영화 〈규성애정〉을 연출하고 영화 포스터도 발표했다. 포스터 속 눈에 띄는 숫자 '1314'는 중국어 발음으로 '일생일세'를 의미하며 영원한 사랑의 맹세이자 한중 양국의 영화 협력이 영원할 것을 기원하는 것이었다. 주최측은 2013년 2월 14일 발런타인데이에 영화 개봉을 약속했지만 아쉽게도 곽재용의 첫 중국 영화는 개봉하지 못했다. 곽재용의 첫 공식 개봉 영화는 2014년 〈미스히스테리〉로, 여전히 '사랑'에 '코미디' 요소를 더했고 그 외 젊은 여성들이 순탄치 않은 사랑 때문에 일찍 갱년기가 찾아오는 스토리로 사회현실을 어느 정도 반영했다. 2016년 8월 26일에 개봉한 중국 영화 〈재세계중심호환애〉는 곽 감독이 10년 전 일본에서 원작 소설을 읽고 이 영화를 꼭 제작하고 싶어서 시나리오를 썼다가 중국에서 제작이 된 것이다. 같은 해 〈나의 쌍핵 걸〉은 연초 중국 광전총국의 개봉 승인을 받았지만, 한한령 때문에 무산되었다.

표 13 곽재용의 중국 협력 영화

영화 제목	연도	신분	비고
양귀비 〈杨贵妃〉	2012	감독	미완성
미스 히스테리 〈我的早更女友〉	2014	감독	중국 상영
데이지 〈雏菊〉	2006	극작가	홍콩 상영
올 어바웃 우먼 〈女人不坏〉	2008	극작가	
나의 쌍핵 걸 〈我的双核女友〉		감독	미완성
규성애정叫 〈醒爱情〉		감독	미상영
재세계중심호환애 〈在世界中心呼唤爱〉	2016	감독	
상하이의 밤 〈上海之夜〉		극작가	리메이크
내 여자친구가 로봇이다 〈我的机器人女友〉	2008	감독	2009년 7월 상영
피아노 〈钢的琴〉	2010	감제	2011년 7월 상영

데이터 출처: 자체 구성

표 14 곽재용의 중요 작품 (여자친구 시리즈)

영화 제목				
엽기적인 그녀 〈我的野蛮女友〉	미스 히스테리 〈我的早更女友〉	내 여자친구를 소개합니다 〈野蛮师姐〉	무림여대생 〈武林女大学生〉	내 여자친구는 로봇이다 〈我的机器人女友〉

2) 곽재용 감독의 작품 특징

데뷔작 〈비 오는 날의 수채화〉부터 〈싸이보그 그녀〉까지 곽재용은 시종일관 따뜻하고 즐거운 영화 스타일을 고수했다. 중국 시청자들에게 그의 영화는 코미디의 편안함과 사랑의 감동까지 안겨주었다.

① 고정적 성역할의 탈피

곽재용 스스로도 "남자는 지나치게 남성스러우면 안 되고 여자는 더 강인해야 한다."고 얘기하였는데 이러한 포지셔닝은 시청자에게 신선하고 흥미롭게 다가오게 하였다. 엽기적인 여자친구의 기본 특징은 "패기 있고, 적극적이며, 예쁘다."는 것이다. 곽재용의 영화는 전통적인 남녀 캐릭터를 뒤엎고, 여성은 더 이상 연약하고, 순종적인 이미지가 아니며, 남성도 더 이상 여성을 지배하는 주도적인 위치에 있지도 않았다. 영화 〈엽기적인 그녀〉에서 클로즈업된 그녀의 "찰랑찰랑한 머리카락, 몽롱한 눈, 붉은 입술"은 모든 남성들의 완벽한 여자 친구의 이미지였다. 그러나 청순한 외모와 달리, 엽기적이고 거친 성격의 소유자였으며 또한 정의로운 모습도 있었다. '그녀'는 지하철에서 젊은이가 노인에게 자리를 양보하지 않으면 질책하였고 공원에서 행인들이 담배꽁초를 마구 던지면 화가 나서 행인을 가르치고 담배꽁초를 주워 오라고 하였다. 영화 〈클래식〉에서 엄마 주희는 얌전해 보이지만 대담하고, 일반적인 여성처럼 곤충을 무서워하지도 않았고 오히려 남자 주인공 준하에게 적극적으로 다가가 '귀신의 집'에 데려가 달라고 하였다. 딸 지혜는 어린 시절부터 태권도를 수련하고 나무판자를 걷어차며 남자처럼 강인하였다. 〈무림여대생〉의 여주인공 소휘는 중국 '쿵푸'를 할 줄 알고 오토바이를 탄 남자 주인공에게 첫눈에 반해 아이스하키 동아리에 들어가 남자 주인공에게 적극적으로 접근하였다.

② 이상적인 사랑

곽재용은 "내가 촬영한 사랑 이야기는 현실에서 존재하지 않지만, 영화에서만은 거의 사라진 사람과 사람 사이의 순수함을 느낄 수 있다."라고 말했다. 곽재용은 사람들 사이의 순수한 소통을 갈망한다. 이러한 순수한 사랑과 우정은 계급과 권력에 얽매이지 않고 원한과 질투의 영향도 받지 않는다. 그가 영화에서 묘사한 사랑과 우정은 아름답고 순수한 것이며, 사람들 사이에는 모함, 원한, 음모, 폭력도 없다. 그러나 곽재용 감독도 〈클래식〉을 통해 추악한 인간성에 대해 비판하였다. 그는 영화에서 조연의 죽음을 통해 아버지의 결혼 강요에 맞서 친구의 사랑을 위해서 자신을 희생하는 모습을 그려내며 "사랑은 돈과 권력이 아닌 진심만으로 충분하다."라는 것을 보여주고자 했다. 〈재세계중심호환애〉에서도 우리 모두의 가슴속에 있는 진정한 사랑을 외치고 있는지도 모른다! 진정한 사랑은 시·공간과 질병, 생사를 초월하고 서로를 사랑하면 마음만은 영원히 함께할 수 있다는 것을 보여준다.

③ 환상적인 화면 공간

곽재용의 영화는 사랑에 대한 판타지와 상상으로 가득 차 있다. 〈내 여자친구를 소개합니다〉는 〈엽기적인 그녀〉 이후에 촬영되었지만, 스토리 구성을 보면 오히려 〈엽기적인 그녀〉의 전작으로 보인다. 전지현은 여자 경찰 역으로 여전히 강인한 외모와 캐릭터를 유지하였지만, 영화의 반전은 스토리 중반쯤 남자 주인공이 사고로 사망하고 '바람'으로 여자 주인공을 지켜주는 전개이다. 그러나 스릴러 장르가 아닌 따뜻하고 즐겁고 감동적으로 연출하였다. 〈무림여대생〉에서 여주인공은 학교 기공(气功) 동아리에 가입해 공연하면서 '가슴으로 바위 깨기', '쇠바늘 걷기' 등 중국 전통 민간 기법을 선보여 많은 중국 관객들의 공감을 얻었다. 〈싸이보그 그녀〉는 로봇 여자친구가 시공간을 초월해 남자 주인공과 사랑에 빠지는 이야기를 그려낸 SF영화다. 곽재용은 시·공간 여행을 통해 현실과 시공의 논리를 깨는 완벽한 사랑을 선보이고자 하였다. 〈미스 히스테리〉에서는 청순미 넘치는 여주인공이 사회적 압박과 실연으로 인해 일찍 갱년기를 겪는 극적인 갈등과 상상력을 그려냈다.

2. '공포물 영화를 만든 감독' _ 안병기

1) 아시아 공포영화의 대가

안병기의 대표작은 〈폰〉, 〈아파트〉, 〈분신사바〉이다. 공포영화에서 베테랑인 안병기 감독은 중국에서 〈분신사바 시리즈 1~3〉과 〈외공방령38〉 등 네 편의 영화를 촬영하였으며, 중국 극장에서 가장 많은 스크린을 보유한 한국 감독이다. 안병기에 앞서 곽재용, 허진호 모두 한중 합작을 시도했지만, 공포 영화 제작에서의 양국 협력은 이번이 처음이다. 〈분신사바 1〉의 합류를 앞두고 중국 영화 제작사 관계자가 안병기에게 중국에서 상영할 수 있는 공포영화를 만들고 싶다고 밝혔다. 그동안 안병기의 영화는 중국에서 개봉된 적이 없고, 본인도 중국 시장에 익숙지 않았지만, 안병기의 한국판 〈분신사바〉(2004)가 중국에서 많은 사람들이 보게 되었고 안병기도 어느 정도 인지도가 높아진 상황이기 때문에 중국 영화사와 호흡을 맞춰 공포영화 제작을 결심했다. 안병기는 "어릴 적부터 중국 문화에 관심이 많고 전에도 장이모우 감독의 영화를 본 적이 있고 저우쉰(周迅), 조우웨이(赵薇)와 함께 작업하고 싶다"고 밝혔다. 한국판 〈분신사바〉의 문화 원형은 중국에서 유래된 것이다. '분신사바'를 '모시는 것'은 중국에서 가장 오래된 무술(巫术)이며, 미래를 예측하는 방법이었다.

2012년 안병기는 중국에 작업실을 세워 3년간 영화 제작에 1억 위안을 투자할 계획이며 이후 촬영 업무를 중국으로 옮기겠다고 밝혔다. 같은 해 안병기가 감독하고 중국 회사에서 투자한 메이팅(梅婷) 주연의 공포영화 〈분신사바〉가 중국에서 개봉되었다. 이번 영화 개봉은 안병기의 중국 진출의 시험대이기도 하였다. 그 결과, 영화는 흥행에 성공했으며 상영 첫날 600만 관객을 돌파했고, 중국 공포영화 "역대 상영 첫날 관객 기록"을 갱신하며 박스오피스 6,100만 위안을 기록하여 2012년 중국 공포영화 순위에서 2위를 차지했다. 이후 안병기는 〈분신사바 2〉와 〈분신사바 3〉을 연이어 선보였고 흥행과 평판도 높았다. 〈분신사바〉 3부작은 총 박스오피스 2억 위안을 달성하며 한국 공포영화의 중국 진출에 유익한 영향을 미쳤고 한국 감독들의 다양한 장르에서의 중국 시장 진출의 시도로 되었다. 이후 안병기 감독이 제작한 영화 〈과속스캔들〉은 제12회 상하이 국제영화제에서 최우수 작품상을 수상했고, 중국에서 〈외공방령 38〉로 리메이크되기도 했다. 최근 몇 년 동안 중국 영화 시장은 빠르게 성장하여 전 세계 영화인들의 시선을 사로잡았고 공포영화 장르는 중국에서 발전 가능성이 크며 중국 관객들도 더욱 다양한 장르의 한국 영화를 보길 원한다.

2) 안병기 감독의 작품 특징

① 시적 공포

시적 공포란 주로 영화 화면이 "피비린내 나거나 잔인하지 않는 것"을 말하는데, 공포는 귀신의 흉포함을 표현하는 것이 아니라 주인공의 비극적인 삶을 그려내 사회를 비판하려는 것이다. 안병기 감독은 사지 절단이나 피투성이 장면, 괴물의 모습 등 공포영화의 전형적인 모습들을 지향하지 않는다. 극 중 '여자 귀신'의 죽기 전 모습이 예쁘고 부드러운 이미지였다면, 사후의 모습은 귀신이 되어 긴 생머리에 증오의 눈빛, 어둡고 창백한 표정을 하고 있다. '여자 귀신'은 증오와 상상으로 인해 정신적으로 혼란스러운 여주인공으로, 사회적으로 무고한 사람들을 마구잡이로 죽이는 것이 아니라 오히려 현실 사회에서 유린당하고 박해당하는 평범한 여성들이다. 예컨대 2012년 중국판 〈분신사바 1〉은 모성애와 한(恨)에 관한 주제였다. 여주인공인 쑈우아이는 어린 시절 부모가 이혼한 뒤 어머니와 함께 살다가 어머니가 여의치 않은 삶과 생활에 스스로 목숨을 끊었는데 죽기 전 여주인공을 때리고 욕설을 퍼부었다. 어머니가 스스로 목숨을 끊은 뒤 여주인공은 고아원에 갔다가 정신 나간 엄마를 미워하고, 자라면서 어머니가 귀신이 되어 찾아와 복수하는 환상을 자주 하게 되었다. 결국, 쑈우아이는 그녀를 때린 어머니를 용서하게 된다. 영화 속 쑈우아이의 어머니는 자식에게 폭력을 휘두르지만 남편에게 버림받은 후, 딸을 폭행하며 스스로 목숨을 끊은 '피해자'이다. 〈분신사바 2〉는 대학 시절 절친한 친구 7명이 새 친구 쑈우아이의 등장으로 사이가 틀어지고 친구에서 적으로 되는 이야기를 그린 영화다. 쑈우아이가 나타나면서 다른 사람들의 생활이 순탄치 않게 되자 사람들은 쑈우아이를 재앙으로 여기고 배척하기 시작했으며 결국 쑈우아이는 친구들의 실수로 죽음을 맞이한다. 쑈우아이는 귀신이 되어 복수를 시작하는데 사실 쑈우아이는 어릴 적부터 고아였고 친구가 없어 사회적 차별을 받아 사회와 가족으로부터 사랑을 받지 못했을 뿐이었다. 〈분신사바 3〉은 '스릴러 + 온정'을 보여주면서 여주인공 장이옌과 딸 사이의 애틋한 마음과 여주인공 장이옌이 혼전 임신으로 어릴 적부터 성폭력을 당하는 끔찍한 스토리를 담고 있다. 중국에서 공포영화는 무서운 장면이 대부분이지만, 안병기의 공포영화는 죽음에 대한 이야기, 원한과 용서, 속죄와 보복, 인간과 사회의 갈등, 인간의 비참한 운명을 다룬다.

② 사회현실의 폭로

영화 〈아파트〉는 사회 이슈를 결부하여 아파트에서 벌어지는 이야기를 담았다. 옆 동에서 살던 주민이 죽었지만, 이웃 누구도 신경 쓰지 않는 생활화된 이야기로, 누구에게나 있을 수 있는 일이다. 가난한 사람의 죽음은 아무도 신경 쓰지 않는 냉담함에서 서로 간의 무관심을 표현했다. 〈폰〉은 현대 과학 기술 문명에서의 이기적인 인간의 심리를 부각시켜 사회와 인간에 대한 성찰을 공포영화로 표현했다. 〈분신사바 1〉은 이혼이 여성에게 주는 영향과 아이 성장 과정에 대한 상처를 그린 영화다. 〈분신사바 2〉는 대학에서 좋은 친구로 지내다가 사회에 나가 각자의 이해관계로 인해 적이 되고, 심지어 살인까지 저지르는 우정과 이익 충돌을 그린 영화다. 〈분신사바 3〉은 혼전 임신을 한 여자 주인공이 남자 주인공에게 가정 폭력을 당하고 홀로 아이를 키우다가 우발적인 화재로 아이가 죽고 여자 주인공의 멘탈이 붕괴되는 내용을 담고 있다.

③ 코미디와 공포의 공존

안병기는 공포영화 외에도 코미디 영화 〈과속 스캔들〉, 〈외공방령 38〉을 촬영했다. 스릴러와 코미디는 장르가 달라 공존할 수 없다는 게 일반적인 생각이지만, "코미디 영화는 공포영화와 유사성이 있어 충돌하지 않는다."는 것이 안병기의 견해이다. 그 이유는 첫째, 관객의 마음을 움직이는 것이 유사하기 때문이다. 스릴러 영화가 관중들에게 공포를 가져다주는 것과 코미디 영화가 웃음을 가져다주는 것은 관객의 정서 변화를 일으킨다는 점에서 유사하다. 스릴러 영화를 보는 내내 불안, 공포, 두려움이 있었지만, 스릴러 신을 보고 나면 스트레스가 풀리면서 관객들의 마음도 즐거워질 수 있기 때문이다. 예를 들어 한국 영화 〈과속 스캔들〉을 리메이크한 안병기의 코미디 영화 〈외공방령 38〉은 38세의 스타 아나운서 허즈무(何志武)가 집에서 여자친구를 기다리던 중 뜻밖에 낯선 소녀가 등장하는데, 관객들이 남자 주인공과 낯선 여자 사이에 무슨 일이 일어날지 기대하는 순간 어린 소녀가 남자 주인공의 딸이라는 사실을 알게 되고, 남자 주인공과의 부녀관계가 관객의 호기심을 자극한다. 그뿐만 아니라 어린 소녀는 6살 난 아들을 둔 싱글맘이었다. 이 영화는 3대가 한 지붕 아래서 생활하면서 빚어낸 많은 에피소드를 담았고 안병기 감독은 황당해 보이는 이야기를 풀어내며 끊임없이 관객의 정서를 움직이며 큰 웃음을 자아내었다. 공포영화 〈분신사바〉도 마찬가지로 모녀의 복수 이야기로 시작하는데, 여주인공 쑈우아이는 출소한 전 남편이 사랑하는 아들을 빼앗아갈까 봐 걱정한다. 하지만 사실 여주인공의 아들은 오래전에 쑈우아이의 부주의로 발생한 화재로 인해 죽었고, 아들이 죽은 후 여주인공은 정신병에 걸려 항상 누군가가 자기 아들을 빼앗아가는 환상을 하게 된다. 관객들의 정서도 이야기 전개에 따라 공포에서 두려움으로, 두려움에서 동정으로, 동정에서 감동으로 변화되어갔다.

3. '사랑를 노래하는 영화를 만든 감독' _ 허진호

1) 아시아 멜로 영화의 대가

허진호는 한국의 유명 감독으로 대표 작품으로는 〈8월의 크리스마스〉, 〈봄날이 간다〉, 〈외출〉과 같은 클래식한 청춘 로맨스 영화들이 있다. 그는 2001년 중국영화제 심사위원으로 활동하면서 "당시만 해도 지금처럼 중국 영화시장이 번영하지 못했는데, 지금은 중국 영화가 빠르게 발전하고 시장 규모가 크며 작품이 국제적으로 인정받고 있다. 이것이 내가 중국에 오고 싶은 이유다."라고 말했다.[20]

2011년 중국 쭝보우미디어가 허진호와 계약을 체결하고 한국 감독 스튜디오를 설립했다. 허진호가 쭝보우미디어와 계약을 하면서 모종의 의미에서 '중국 감독'이 될 것으로 예상되자 업무를 한국에서 중국으로 옮겨가고 중국 영화가 아시아를 넘어 세계로 전파하는 데 노력하고자 했다. 허진호는 쭝보우와 계약한 후 중국에서 "매년 대작을 만들 계획"이라고 밝혔다. 계약 후의 첫 작품으로는 중국 청두의 두보초당에서 촬영된 〈호우시절〉인데 영화 제목은 두보의 시 '춘야희우'에서 따온 것으로 허진호가 한국에서 중학교에 다닐 때 배운 것이며, 그때 그가 가장 좋아했던 시가 바로 '춘야희우'다. 〈호우시절〉은 사랑을 그려낸 영화다. 허진호 감독이 특히 남녀의 사랑 이야기를 그려내는 것을 좋아하여 중국에서도 자연스럽게 '사랑' 요소를 영화에 담았다.

---

20 허진호 감독 인터뷰, "허진호: 급속히 발전하고 있는 중국 영화", 2012년 06월 24일 11:14, 중국청년보.

사랑 이야기는 실생활에 가깝고 관객들이 쉽게 받아들일 수 있기에 영화계에서도 늘 주목해 왔다. 〈호우시절〉은 지나치게 문학적이며 대중적이지 못하여 상업적인 분위기가 부족하다는 비판을 받았지만, 이번 작품은 허진호 감독이 중국 영화와 호흡을 맞출 좋은 기회였고, 이후 쭝보우에서도 "매년 허진호를 위해 한 편의 상업 블록버스터를 선보이겠다."고 밝혔다. 2012년 〈위험한 관계〉를 촬영한 허진호 감독은 중국 영화를 제작한 감독으로 제65회 칸 국제영화제 감독 주간에 초청돼 관객들의 호평을 받았고, 3500만 달러의 제작비가 투입된 멜로 대작이라는 점에서 상업성을 더했다. 허진호는 "한중 합작 영화는 중국과 한국 관객과 뿐만 아니라 아시아 관객에게도 어필할 수 있다는 점에서 상호 이익이 된다."고 주장했다. 그는 '아시아 영화'라는 컨셉을 제기하고 아시아 시장이 그가 영화에서 나타내고자 하는 감정 표현을 더 쉽게 받아들인다고 보았다. 할리우드의 압력을 감당할 수 있는 가장 효과적인 경로는 "전체 아시아 시장의 힘"이고 허진호도 아시아 관객들과의 정서적 공감대 형성을 가장 중요하게 생각하고 있었다.

2) 허진호 감독의 작품 특징

① 평범함과 자연스러움

허진호는 중국 문화를 동경하고 노자를 좋아하며 철학을 전공하였다. 그의 가치관은 은은하게 작품 속에 담겼으며 열렬한 사랑과 증오를 그려내지는 않았다. 허진호는 은은한 느낌을 좋아하고 난해한 영화를 제작하는 것이 아니라, 관객들이 영화를 통해 일상적인 삶의 경험을 체험할 수 있게 하였다. 〈봄날은 간다〉는 남녀의 사랑 이야기를 그린 영화다. 젊은이들의 사랑을 봄에 비유하고 여주인공이 사랑을 배신하였지만, 영화에서는 "증오가 아닌 아름다운 사랑은 봄처럼 쉽게 흘러가는 것"을 보여주고자 하였으며 영화는 은은한 슬픔을 담고 있다. 중국의 당나라 시에는 봄이 지나는 서러움을 그린 경우가 많은데, 허진호 감독은 이러한 서러움을 영화에 그려내고 사랑은 쉽게 변하고 아름다운 것은 영원하지 않다는 것을 표현하고자 하였다. 사랑도 마찬가지이다. 사랑을 시작하는 남녀의 애정은 분명 깊었을 것이지만 점차 시간이 흐르면서 변화되는 것이다. 〈8월의 크리스마스〉에서 주원과 덕림의 사랑 전개 과정에는 사랑 선언이나 열정적 포옹, 용감한 고백조차 없지만 그들만의 달콤한 사랑은 일상적인 만남에서 서서히 드러난다. 영화는 삶에서 가장 섬세한 감정을 절제된 방식으로 전달하고 사랑의 달콤함과 무력함, 삶의 아름다움과 잔혹함을 모두 보여주고자 하였다.

② 사랑의 철학

허진호 감독의 작품은 단지 사랑에 관한 것만이 아니라 영화 속에서는 감독이 사랑에 대한 사고를 보여줬다. "사랑이란 무엇인가?", "어떻게 사랑할 것인가?", "사랑할 것인가? 사랑하지 않을 것인가?" 등과 같은 문제는 우리도 고민할 수밖에 없는 문제들이다. 감독은 영화에서 '사랑'에 대한 자신의 독특한 견해를 그려냈다. 영화 〈행복〉의 주제는 '사랑의 배신'이었다. 남녀 주인공은 모두 중병에 걸린 환자들인데 치료를 받으면서 서로 사랑에 빠지게 되었다. 하지만 시간이 지나면서 여주인공의 병세는 점점 악화된 반면, 남자 주인공의 병세는 호전되기 시작하였다. 이런 상황에서 남자 주인공은 여주인공을 버리고 더 나은 삶을 살아가려고 하였고, 여주인공은 남자 주인공이 돌아오기를 애타게 기다렸다. 배신을 선택한 남자 주인공의 복잡한 심리를 그려낸 것이 감독이 표현하려는 내용이다. 영화 〈외출〉 역시 배신을 주제로 한 작품이다. 남녀 주인공의 애인은 모두 그들을 배신하였다. 애인의 배신을 당한 두 사람은 점차 연인이 되었지만, 아직 두 사람은 결혼 생활을 유지하고 있는 상태였다. 이 영화는 주로 배신에 대해 용서를 선택해야 하는지, 그리고 사랑하는 사람으로부터 배신을 당했을 때의 괴로움에 대해 다루었다. 허진호 감독의 영화는 비록 적지만, 사랑이라는 명제를 깊이 있게 다루었고, 자기 삶의 경험을 관객에게 선보였다.

4. '흥행 기록의 영화를 만든 감독' _ 봉준호

1) 세계 상업 영화의 왕

봉준호는 2001년에 처음으로 중국을 방문하였다. 당시 그는 영화 〈살인의 추억〉 시나리오를 준비하고 있었고 감독 천카이거(陈凯歌)와 함께 영화를 제작 중이던 지인과의 만남에서 천카이거를 알게 되었다. 이는 두 메가톤급 감독의 첫 대화였다. 중국 배우 장쯔이와 거어유(葛优)를 좋아했던 봉준호는 중국 텐센트 회사와의 인터뷰에서 좋은 시나리오만 있다면 중국 사막에 대한 이야기를 하고 싶다고 밝힌 바 있다. 봉준호는 2006년 상하이 국제영화제에서 아시아 신인상 심사위원의 자격으로 중국 기자들과 인터뷰를 많이 가졌고 한국에서 좋은 성적을 거뒀을 뿐만 아니라, 중국 관객들 사이에서도 가장 인기 있는 감독 중 한 명이었다. 봉준호 감독의 작품은 한국 영화 동원 관객수 랭킹 100

위 안에 든 작품이 총 4편이 있었다(〈괴물〉 13,019,740, 〈기생충〉 10,097,787, 〈설국열차〉 9,349,991, 〈살인의 추억〉 5,255,376). 천만 관객 영화는 두 편이 있으며 중국에서도 두 편이 개봉해 4편 영화의 누적 관객수가 4000만 명에 육박하는 성과를 거둔 거물급 감독이었고 중국에서도 가장 영향력 있는 한국 감독이다.

봉준호의 7편의 작품에서 2014년 〈해무〉에서 프로듀서를 담당한 이외 나머지 6편에서는 모두 감독을 맡았다. 중국에서 상영한 봉준호의 두 편의 영화는 〈괴물〉(1,500만), 〈설국열차〉(7,569만)였다. 2001년 4월 8일 홍콩 국제영화제에서 〈플란다스의 개〉가 상영된 이후 〈해무〉, 〈마더〉, 〈기생충〉이 홍콩에서 개봉됐다. 〈괴물〉은 봉준호의 첫 중국 개봉작으로, 중국 개봉 전 중국판 포스터가 이미 인기를 끌었다. 세 장의 포스터는 각각의 특성을 가지고 있으며 포스터 내용도 중국어로 적혀있었다. 메인 포스터에는 "대한민국 역대 최고 흥행 기록 달성"이라는 글귀가 적혀있었다. 두 번째 포스터에는 중국 시청자들의 관심을 끌기 위해 특수 효과 3대 제작사인 미국 The Orphanage, 뉴질랜드 Weta Workshop, 호주 John Cox's Creature Workshop가 표기돼 있었다. 이 제작사들은 〈해리 포터와 불의 잔〉, 〈반지의 제왕〉 시리즈와 〈킹콩〉 등 유명한 블럭버스터 영화를 제작한 곳이다. 세 번째 포스터에는 주연 배우들의 이름과 사진이 나열되어 있고 중국에서의 인기스타 송강호가 그 처음을 장식하였다. 봉준호는 〈괴물〉에서 '집', '가족'을 키워드로 가족이 위험에 처했을 때 자신을 희생해서라도 가족의 생명을 지키려는 모습을 그려냈다. 아시아 유교 문화권의 국가인 한국이 가족 윤리 면에서 중국과 매우 흡사한데 이것이 중국 관객들이 〈괴물〉을 주목하게 된 중요한 이유 중의 하나이다.

2014년 3월, 〈설국열차〉가 중국 전역에서 개봉됐다. 한국 영화 역사에서 최대 규모의 투자로 제작된 이 영화는 2013년 국내에서 개봉 당시 930만 관객을 기록했고 박찬욱이 프로듀서를 맡았다. 개봉 전 봉준호는 베이징에서 시사회를 개최하고 영화를 제작하는 과정에서 어려웠던 점을 허심탄회하게 말하였다. 열차 디자인이 가장 큰 문제였는데 봉준호는 급행열차의 속도감을 생생하게 보여주기 위해 특수 효과

그림 6 중국에서 발행된 '괴물' 포스터

표 15 봉준호 대표작

(단위: 명, %)

연도	영화 제목	평점	호평 비율
2003	살인의추억 〈杀人回忆〉	8.9	98
2019	기생충 〈寄生虫〉	8.8	98
2009	마더 〈母亲〉	8.3	93
2013	설국열차 〈雪国列车〉	7.5	78
2000	플란다스의 개 〈绑架门口的狗〉	7.5	71
2014	해무 〈海雾(编剧)〉	7.1	67
2017	옥자 〈玉子〉	6.7	54

데이터 출처: 중국 Douban

제작 회사 Barrandov Flash의 도움을 받아 특수 효과 장치인 '유니버설 조인트'를 설계했다. 2014년 제1회 중국 'Douban 영화' 차트에서 〈설국열차〉가 당해 3월 중국 관객들의 가장 큰 관심을 받은 영화가 되었다.

2) 봉준호 감독의 작품 특징

① 평범한 사람에 대한 주목

봉준호의 영화는 사회현실을 반영하며, 그의 작품마다 개인에 대한 따뜻함, 그리고 사회문제에 대한 예리한 시선이 담겨져 있다. 그는 "내 영화의 주인공은 늘 약자, '멍청한' 형사, 한강 구멍가게 주인, 장애인 아들을 키우는 엄마"라고 말했다. 봉준호는 중산층 가정에서 태어났지만 평범한 인물의 시각에서 문제를 바라보았다. 2000년 봉준호의 데뷔작 〈플란다스의 개〉는 강아지를 잃어버리고 다시 찾는 일상적인 사건 속에서 코믹한 사회상을 그려내고 가난한 아파트에 사는 사람들의 내적 욕망, 왜곡된 심리, 삶의 무관심, 상류사회로부터의 차별과 멸시 등 사회문제를 보여주었다. 봉준호의 영화는 처음부터 사회적 약자에 대한 관심을 드러냈다. 〈설국열차〉의 마지막 객실은 사회의 최하층 노동자들이 처참한 삶을 살고, 생계를 유지하기 위해 하루하루를 버티며 사람을 먹는 것도 마다하지 않고, 생존과 함께 인간 본성의 시험도 견뎌야 하는 것을 상징한다. 〈기생충〉은 가난한 사람들의 '향락주의'와 '궁핍'을 비판했다. 사람들이 가난한 근본 원인은 가난한 사람들은 뼛속까지 '향락주의'가 범람하고 있으며 현실에 안주하고 미래에 대한 비전이 없으며, 직장에서도 노력하지 않기 때문이다. 봉준호의 '평범한 인물'의 세계에는 추악한 사회에 대한 비판과 가난한 계층 자체의 문제가 공존하였다.

② 은유적 표현 방식

봉준호 영화의 은유적 표현 방식에는 암시, 상징, 풍자의 기능이 있다. 〈기생충〉의 경우 취객 한 명이 주인공들의 집 창가에 오줌을 싸는데 이는 홍수를 의미하였고 선배가 기우에게 선물한 수석(돌)은 행운의 돌, 욕망의 문, 마음을 다스리는 보물, 화를 부르는 근원을 의미하였다. 〈기생충〉 일가의 운명은 주인공 기우가 생일날 친구로부터 수석을 선물로 받은 뒤 이들 가족이 부잣집에 '기생'하는 데 성공하는 것으로부터 시작된 것이다. 주인공 기우는 심리적 안정감과 행운을 지키기 위해 부잣집에 과외를 하러 갈 때나 체육관에서 잘 때도 돌을 갖고 있었다. 기우는 부잣집에 성공적으로 '기생'한 이후 욕망이 부풀어 오르기 시작했고, 단순한 '기생' 생활에 만족하지 않고 부잣집 아가씨와 로맨스를 시작하려고 하였다. 아이러니하게도 결국 수석은 흉기가 돼 살인 사건이 일어났고, 두 계급 간의 갈등의 불씨가 되었다. 영화는 수석이 가져다주는 '운'에서 시작해 수석이 물속으로 가라앉으면서 끝이 난다. 〈기생충〉에서 수석은 이야기 전체 과정에 담겨져 있다. 홍수가 지자 가난한 가족들이 도망을 다니는 과정에서 그들 앞에는 "가난한 자들에게는 희망이 없다."라는 것을 상징하는 도랑이 나타났다. 부잣집 전 가사도우미의 남편은 4년 넘게 지하에서 살면서 젖병으로 우유를 마셨는데, 이 장면에서 생활 능력을 일부 상실한 '어린애'는 '어른'인 마누라가 돌봐야 한다는 것을 암시하고, 우유를 마실 때 아내 품에 안겨 아기처럼 누워있는 것도 정신적으로나 심리적으로 문제가 생겼음을 반영하는 것으로 영화 마지막에 일어난 살인 사건을 위해 복선을 남겼다.

③ 황당한 웃음거리

봉 감독은 심각한 사회문제 속에서도 삶에 대한 불만이 섞인 농담을 던진다. 영화 〈괴물〉은 죽었다고 생각한 어린 여자아이들에게 제사를 지내기 위해 찾아온 여동생에게 남자 주인공이 "괴물 덕분에 가족이 다 모인 셈이네."라는 대사로 관객들을 슬프게 하면서 쓴웃음을 짓게 하였다. 〈마더〉에서는 어머니 김혜자가 아들 친구 진태의 집에 증거물을 찾으러 갔다가 진태와 여자친구가 '함께 있는' 장면을 보고 커튼 뒤에 숨어 숨조차 쉬지도 못하는 긴장감 넘치는 이야기가 더해졌다. 〈기생충〉은 어처구니없는 코미디 구성, 충격적인 장면들로 빈부 계층의 극적인 충돌을 통해 부자와 가난한 자의 상호 간의 '기생'을 그려내며 대체 "누가 사회적 기생충인지"를 고민하게 해보는 계기를 마련하였다.

결국, 봉준호의 영화 스타일은 단순하고 산업화된 할리우드 영화 장르로는 규정하기 어렵다. 한국 영화 산업 및 글로벌 영화의 틀에서, 전통적인 패턴화, 엔터테인먼트화, 상업화된 영화 속에서 사회에 대한 현실적 사고, 역사적 관찰, 인본주의, 문제 성찰 등 요소를 융합시켰다. 미국 영화 미디어 IndieWire21는 "봉준호 자체가 영화 스타일"이라고 평했다.[21]

---

21 IndieWire(indieWIRE 또는 Indiewire로 기록되기도 함)는 1996년에 설립된 영화 정보 및 평론 웹사이트이다. 이 사이트의 메시지는 주로 독립 영화에 초점을 맞추고 있다.

6장

한국 영화 진출 효과 분석

본 장에서는 2000년부터 2020년까지 중국에 진출한 한국 영화에 대한 중국 관객들의 리뷰 데이터를 베이스로 진출 효과 변화를 분석하였다. 관객 리뷰가 진출 효과 평가의 중요한 지표 중 하나로 될 수 있다고 보는 것은 아래와 같은 이유에서이다. 한 영화에 대한 리뷰 평가가 많은 것은 관객들의 관심도가 높다는 것을 의미하고 평점이 높다는 것은 관객들의 영화에 대한 인지도를 보여주는 것이기 때문이다. 본 장에서는 시기상 5년을 단위로 하여 2000년부터 2020년까지를 4개의 단계로 분류하고자 한다. 또한 'Douban 영화' 평론 사이트에서 공개된 데이터를 베이스로, 극장에서 상영한 영화, TV에서 방영한 영화, 수상작, 흥행을 기록한 영화 등 네 파트로 나누어 한국 영화에 대한 평점, 리뷰 인수, 호평률과 부정적인 평가를 분석해 보고자 한다.

1. 2000~2005년 중국 관객의 한국 영화에 대한 평점 분석

표 16 중국 중앙 TV에서 방영된 한국 영화(2000~2005)

(단위: 명, %)

영화 제목	봄날은간다〈春逝〉	국화꽃향기〈菊花香〉	오! 해피데이〈淘气少女求爱记〉	빙우〈冰雨〉
제작 연도	2001	2003	2003	2004
중국 방송시간	2003.11.01	2004.10.04	2005.04.09	2005.11.26
평점	7.9	7.2	6.4	6.7
평론 인원수	20,528	8,599	7,324	931
단평	5,635	2,083	1,149	180
긴 평론	352	69	6	17
관련 주제 토론 수	42	0	3	4
호평 비율	74	55	34	50
혹평 비율	4	8	15	15
기대 관객수	1,145	301	25	30
총평	>82%	>55%	>31%	>39%
유형	사랑	사랑	사랑	공포

데이터 출처: 중국 Douban

표 17 중국 영화관에서 상영한 한국 영화(2000~2005)

(단위: 명, %)

영화 제목	돌려차기〈旋风腿〉	내남자의로맨스〈我男朋友的罗曼史〉	공공의적 2〈人民公敌2〉
제작 연도	2004		2005
중국 방송시간	2004.05.21	2004.07.16	2005.12.04
평점	6.8	5.9	6.5
평론 인원수	998	1,598	656
단평	303	422	159

영화 제목	돌려차기 〈旋风腿〉	내남자의로맨스 〈我男朋友的罗曼史〉	공공의적 2 〈人民公敌2〉
긴 평론	3	17	5
관련 주제 토론 수	0	2	1
호평 비율	45	22	35
혹평 비율	12	26	21
기대 관객수	20	37	9
총평		> 16%	
유형	액션	사랑	액션

데이터 출처: 중국 Douban

위 표에서 볼 수 있듯이 2000년~2005년 중국 방송국에서 방영된 한국 영화는 4편에 불과하여 1년에 한 편도 안 되었고 CCTV에서 방영하는 〈좋은 영화와의 만남〉 프로그램에서만 한국 영화를 방영했다. 방영된 네 편의 영화는 평점이 8.0점 이하로, 〈봄날은 간다〉가 7.9점을 받았고 평균 점수는 6점 이상이었다. 리뷰 인수도 비슷한 상황이었다. 〈봄날은 간다〉를 제외한 나머지 영화의 리뷰 인수는 1만 명 미만이었고, 〈빙우〉는 931명에 불과했다. 전반적으로 평점, 리뷰 인수와 호평률이 정비례하고 평점이 높을수록 그리고 리뷰 인수가 많을수록 영화의 호평률 높다는 것을 알 수 있다. 영화관의 경우, 5년에 3편, 역시

표 18 화제작 진출(2000~2005)

(단위: 명, %)

연도	영화 제목	평점	평론 인원수	호평 비율	유형
2000	춘향전 〈春香〉	6.7	3,048	38	사랑
2002	취화선 〈醉画仙〉	7.5	6,957	50	전기
2004	올드보이 〈老男孩〉	8.2	251,294	92	범죄

데이터 출처: 중국 Douban

1년에 한 편도 상영하지 못했고 평점도 7점 이하, 리뷰 인수는 한 편당 1000여 명에 불과했다. 이로부터 이 기간에 개봉한 한국 영화에 대한 중국 관객들의 관심도가 낮았다는 것을 알 수 있다.

칸에서 수상한 세 편의 영화 〈춘향전〉, 〈취화선〉, 〈올드보이〉의 경우, 〈올드보이〉는 평점 8점 이상, 호평률 92%로 중국 관객의 인지도가 높은 편이고 나머지 두 작품은 모두 8점 이하이다. 특히 한국에서 잘 알려진 〈춘향전〉의 경우 호평률이 38%밖에 안 되고 〈취화선〉도 50%에 불과했다. 세 영화의 평균 리뷰 수가 1만여 명 정도로 전체 리뷰 수가 적었던 것을 보면, 당시 칸 영화제 수상작도 중국 관객들에게 영향력을 크게 미치지 못했고 국제영화제에서의 수상은 중국 진출과는 크게 연관성이 없는 것으로 나타났다.

표 19 한국의 고수익 영화(2000~2005)

(단위: 명, %)

연도	영화 제목	평점	평론 인원수	호평 비율	유형
2003	살인의 추억 〈杀人回忆〉	8.9	574,925	98	범죄
2001	엽기적인 그녀 〈我的野蛮女友〉	8.2	411,026	90	사랑/코미디
2004	내 머리속의 지우개 〈我脑海中的橡皮擦〉	8.0	232,006	85	사랑
2005	친절한 금자씨 〈亲切的金子〉	7.6	140,038	75	범죄
2002	색즉시공 〈色即是空〉	7.3	108,350	90	에로/코미디
2000	공동경비구역 JSA 〈共同警备区〉	8.8	78,370	95	전쟁
2004	태극기 휘날리며 〈太极旗飘扬〉	8.3	76,318	95	전쟁
2004	그놈은 멋있었다 〈那小子真帅〉	6.8	80,841	48	사랑/코미디
2002	집으로... 〈爱·回家〉	9.1	77,440	98	가족

2000~2005년 한국에서 흥행한 영화는 대부분 중국 영화관이나 방송국에서 방영되지 않고 온라인이나 DVD의 플랫폼을 통해 시장에 유통됐다. 방송국이나 영화관에서 상영된 영화보다 당해 흥행작의 영향력이 더 컸으며 한국에서 흥행과 인기를 누리는 작품들이 중국에서도 적지 않은 관심을 받고 있다는 것을 설명한다.

주목할 점은 십만 명 이상의 관객을 동원한 영화 5편 중 〈살인의 추억〉(57만 명)과 〈엽기적인 그녀〉(41만 명)의 리뷰 인수가 중국의 유명 감독 장이모우가 제작한 〈영웅〉보다 1배 이상 많은 것이다. 〈영웅〉의 경우, 2002년 중화권 박스오피스 1위의 성적을 거두었고 전 세계에서 14억 위안(약 1조 7000억 원)의 매출액을 달성하였다. 미국 시사 주간지 〈타임즈〉가 선정한 2004년 '세계 10대 영화' 1위에 오르고 아카데미상과 미국 영화 골든 글로브 외국어 영화상 후보에도 올랐다. 이로부터 〈엽기적인 그녀〉와 〈살인의 추억〉 두 편의 영화의 영향력이 중국 국내 최고 영화보다 못하지 않았고 전지현을 선두로 한 '엽기적인 열풍'도 중국 관객들을 사로잡았다고 볼 수 있다. 이 밖에도 평점 8.0 이상의 우수작이 총 6편, 90% 이상의 호평을 받은 영화도 6편, 평점과 호평률이 정적인 상관관계를 보이고 있다. 즉, 영화 평점이 높을수록 호평률이 높아지고, 호평률이 높으면, 리뷰 인수도 많은 것이다. 하지만, 영화 평점과 리뷰 인수가 일치하지 않은 현상도 나타나고 있었다. 예를 들어 〈그놈은 멋있었다〉의 호평률이 48%이고 7만 명 이상의 리뷰를 달렸다. 이는 95% 이상의 호평률을 받은 〈집으로〉, 〈공동경비구역 JSA〉, 〈태극기 휘날리며〉의 리뷰 인수와 비슷했다. 이 같은 현상은 2000년대 초반 청춘멜로 드라마의 과열 양상이 나타난 것으로 볼 수 있으며 특히 인기 스타 송승헌, 현빈, 장나라, 전지현 등이 주연하는 영화는 중국 젊은 층의 관객들을 사로잡았다고 볼 수 있다.

전반적으로 영화관, 영화 채널, 국제 수상작, 한국 흥행작을 상업 장르의 시각에서 서술하였다. 이 기간에는 멜로 영화가 압도적인 우위를 차지했고 범죄 영화가 그 뒤를 이었다. 중국 방송국에서 상영한 4편의 영화 중 3편이 멜로 영화였고, 영화관에서 개봉된 4편의 영화 중에서도 3편이 멜로 영화였다. 특히 청춘 코미디가 중국 관영 매체의 주목을 받았던 시기였다. 영화 장르는 멜로와 범죄가 압도적이었고 영화의 평점이나 리뷰 인수, 호평률도 다른 장르에 비해 월등히 높았다. 섹시 코미디 영화 〈색즉시공〉이 중국에서 90%의 호평률을 기록하였고 청춘 로맨스 영화인 〈그놈은 멋있었다〉도 리뷰 인수가 8만 명을 넘었다. 〈엽기적인 그녀〉의 인기는 절정에 달하였고 전지현은 하루아침에 중국의 젊은 층 남성들이 꿈꾸는 여신이 되었다. 이로부터 이 시기의 중국 관객들이 한국 스타와 로맨스 코미디 영화에 관심이 많았다는 것을 볼 수 있다.

실화를 바탕으로 한 한국 범죄 영화는 중국에서도 큰 인기를 끌었다. 〈살인의 추억〉의 영향을 받아 중국 감독 장빈젠(张秉坚)도 유사한 범죄 영화 〈동북편북〉을 제작해 중국판의 〈살인의 추억〉이라고 홍보했다. 이 밖에도 전쟁과 가족 간의 사랑을 소재로 한 영화들이 중국 관객들의 긍정적인 평가를 받았고 〈공동경비구역 JSA〉와 〈태극기 휘날리며〉의 리뷰 인수는 멜로나 범죄 영화에 미치지는 못하지만 95% 이상의 호평률을 받았다. 또한, 가족 간의 사랑을 다룬 영화 〈집으로〉는 'Douban'에서 평점 9.1점을 받으며 'Douban' 평점 순위에서 3위를 자리 잡았다.

전체적으로 볼 때, 2000년부터 2005년 기간 동안 멜로 영화의 영향력이 가장 컸고, 범죄 영화가 높은 예술성으로 그 뒤를 이었으며 코미디, 전쟁, 가족 간의 사랑 등 소재의 영화도 중국 관객들에게 수용되기 시작하였다.

2. 2006~2010년 중국 관객의 한국 영화에 대한 평점 분석

표 20 중국 중앙 TV에서 방영된 한국 영화(2006~2010)

(단위: 명, %)

영화 제목	제작 연도	방영 시기	평점	평론 인원수	호평 비율	유형
블루 〈蓝色〉	2003	2006.05.20	6.8	1,342	53	전쟁/액션
동갑내기 과외하기 〈我的野蛮女教师〉	2003	2006.08.12	6.6	24,871	39	코미디/사랑
무영검 〈无影剑〉	2005	2007.01.27				역사/무협
B형 남자친구 〈我的B型男友〉	2005	2007.02.10	6.2	15,070	26	코미디/사랑
외출 〈外出〉	2005	2007.08.11	6.6	24,506	35	사랑
말아톤 〈马拉松〉	2005	2007.10.13	8.3	14,034	84	스포츠/전기
진실한 사랑은 성역성을 이루다 〈真爱倾城〉	2003	2008.01.05				판타지/사랑
데이지 〈雏菊〉	2006	2008.04.05	8.1	239,969	87	사랑
데이지 〈雏菊〉	2006	2008.05.17				사랑
괴물 〈汉江怪物〉	2006	2008.11.29	7.5	241,093	93	재난/판타지
미녀는 괴로워 〈丑女大翻身〉	2006	2009.01.31	7.2	135,130	60	사랑/코미디
디워 〈龙之战〉	2007	2009.04.11	4.3	19,271	7	科幻 판타지
8월의 크리스마스 〈八月照相馆〉	1998	2010.07.03	8.0	55,144	84	사랑
7급 공무원 〈特工强档 7〉	2009	2010.10.02	6.7	34,920	43	코미디/사랑
과속 스캔들 〈非常主播〉	2008	2010.11.27	7.9	160,483	84	코미디
해운대 〈海云台〉	2009	2010.12.04	6.5	35,809	46	재난

표 21 중국 영화관에서 상영된 한국 영화(2006~2010)

(단위: 명, %)

연도	영화 제목	상영 시기	평점	평론 인원수	호평 비율	유형
2006	무영검 〈无影剑〉	2006.04.07				역사/무협
	데이지 〈雏菊〉	2006.04.30	8.1			사랑
	거룩한 계보 〈伟大的族谱〉	2006.10.19	6.6	1,495	37	범죄/코미디
	내 생애 가장 아름다운 일주일 〈我人生中最美的一周〉	2006.10.24	7.4	2,586	43	드라마
2007	괴물 〈汉江怪物〉	2007.03.08	7.5			공포/판타지
	미녀는 괴로워 〈丑女大翻身〉	2007.09.25	7.2			코미디/사랑
2008	식객 〈食神争霸〉	2008.03.07				액션/코미디
	우리 생애 최고의 순간 〈我人生中最精彩的瞬间〉	2008.06.15	7.1	576	41	스포츠
2009	과속 스캔들 〈非常主播〉	2009.10.09	7.9			코미디
	마더 〈母亲〉	2009.11.19	8.3	85,562	93	범죄
2010	호우시절 〈好雨时节〉	2010.03.05	6.4	25,850	29	사랑
	급공무원 〈特工强档7〉	2010.03.05	6.7			액션

위 표에서 볼 수 있듯이 2006년부터 2010년까지 중국 방송국에서 방영된 한국 영화는 16편이었고 매년 평균 3편이 방영되었다. 그 중 총 3편의 영화가 평점 8.0을 넘었고 〈과속 스캔들〉은 평점 7.9점을 받았지만 참신한 콘텐츠와 유머러스하고 편안한 시각적 감각으로 중국 관객들을 사로잡았다. 이후 〈과속 스캔들〉은 중국 영화 〈외공방령 38〉로 리메이크되어 중국 극장에서 개봉되었다. 〈디 워〉를 제외한 기타 영화들도 평점 6.0 이상으로 중국 관객들이 대체로 긍정적인 평가를 내렸다. 〈디 워〉는 2007년 한국영화제에서 청룡상을 받았지만, 중

국에서는 평점 4.7점과 7%의 호평률을 기록하였다. 이로부터 중국 관객들이 한국 영화를 이성적으로 고민하기 시작했다는 점을 알 수 있다. 영화관의 경우, 2006년 한 해에만 한국 영화 4편이 상영됐고, 나머지 해에도 매년 평균 2편이 상영되었다. 〈마더〉는 평점 8.3점, 〈거룩한 계보〉는 평점 6.6점으로 평점이 크게 높았다. 이 기간은 한국 영화가 영화관과 TV에서 모두 방영되던 시기였다. 〈데이지〉의 경우, 2006년 영화관에서 개봉된 이후, 2008년 4월과 5월 두 차례에 걸쳐 TV에도 방영되었으며 영화관과 방송국의 공동 방영은 중국 내 한국 영화의 영향력을 확대하였다.

표 22 칸, 베를린 국제영화제 수상작(2006~2010)

(단위: 명, %)

연도	영화 제목	평점	평론 인원수	호평 비율	유형
2007	싸이보그지만괜찮아 〈机器人之恋〉	6.5	18,017	32	사랑
2008	밤과낮 〈夜与日〉	7.8	4,050	64	드라마
2010	시 〈诗〉	8.6	39,304	92	드라마

칸 영화제에서 수상한 한국 영화는 〈박쥐〉와 〈시〉로, 〈박쥐〉가 'Douban'에서 데이터가 없으므로 베를린 영화제의 수상작을 함께 분석했다. 세 작품 중 영화 〈시〉만이 평점 8.5점 이상이고 호평률이 92%였으며 중국 관객의 인지도도 높았다. 나머지 두 작품은 평점 8점 미만이었다. 평점과 호평률만을 놓고 보면, 2000~2005년과 비교할 때 큰 변화가 없었다. 유일하게 달라진 것은 평론 인수가 한 배 이상 늘어나 1만 명에서 2만 명이 되었고 중국 관객들이 한국 영화 중 국제영화제 수상작에 높은 관심을 보인 것으로 나타났다.

표 23 한국의 연간 고수익 영화(2006~2010)

(단위: 명, %)

연도	영화 제목	평점	평론 인원수	호평 비율	유형
2008	추격자 〈追击者〉	8.4	199,773	96	범죄
2010	헬로우 고스트 〈开心家族〉	8.6	180,855	96	코미디
2010	황해 〈黄海〉	8.5	179,156	95	범죄
2010	아저씨 〈孤胆特工〉	8.2	181,043	94	범죄

2006~2010년 사이 십만 명 이상의 리뷰 인수를 기록한 영화는 모두 7편, 리뷰 인수도 130만 명에 달하였다. 2000~2005년과 비교해 볼 때, 리뷰 인수가 다소 줄었다. 이 기간에 가장 많은 리뷰 인수를 기록한 영화는 〈괴물〉과 〈데이지〉로 각각 24만 명이다. 2000~2005년의 〈엽기적인 그녀〉, 〈살인의 추억〉에 비해 리뷰 인수도 절반가량 줄어든 수치이다. 한국 영화의 중국 진출이 지속적으로 발전하고 있었지만, 영향력과 관객 참여도가 떨어지는 것을 볼 수 있었다. 이 밖에 평점 8.0 이상의 우수작이 8편, 호평률이 90% 이상인 영화가 7편으로 이전 시기와 크게 달라지지 않았고 대작도 거의 없었다.

전반적으로 볼 때, 멜로 영화는 여전히 가장 많은 양을 차지했지만, 범죄와 코미디 영화의 수가 확연하게 늘어났고, 〈괴물〉과 같은 SF 장르 영화도 등장했다. 중국 관객들은 여전히 청춘 멜로 코미디를 선호하고 있으며, 범죄 영화에도 열광하며 재난 영화도 관심을 두고 있다.

호평률이 90% 이상인 영화가 총 7편이었고 범죄 영화가 4편을 차지하고 코미디와 SF 영화가 각 한 편씩 있었다. 중국 관객들이 범죄 영화에 대한 관심도가 높아지면서 범죄 영화는 코미디, 멜로 영화에 대항할 수 있는 중요한 영화 장르로 되었다. 〈추격자〉, 〈황해〉, 〈아저씨〉, 〈마더〉 등 4편의 범죄 영화는 리뷰 인수가 총 80만 명에 달하였다. 중국 관객들은 〈황해〉를 평가하면서 "〈살인의 추억〉과 〈추격자〉 두 명작을 뛰어넘을 수는 없지만, 천재적인 한국 감독과 배우가 또 한 편의 수준급 작품을 제작했다."라고 평가하였다. 한국에서 개봉된 후 짧은 기간에 300만 관객을 동원한 〈추적자〉는 미국 할리우드 워너브러더스에 리메이크권을 100만 달러에 팔 정도로 영향력이 컸다. 이 밖에도 재난 영화는 중국 관객들의 관심을 받았고 〈괴물〉은 중국 극장에서 개봉해 중국판 포스터를 발간하고 20만 명이 넘는 리뷰 인수도 기록하였다. 〈해운대〉는 〈괴물〉의 영향력에는 미치지 못하지만, 중국에서 긍정적인 반응을 얻고 있었다. 〈과속 스캔들〉와 〈헬로우 고스트〉 등 코미디 영화도 중국에서는 인기 작품이었다.

전반적으로 놓고 볼 때, 2006년부터 2010년까지 중국에 진출한 한국 영화 수는 크게 늘었고 영향력도 일정 정도의 규모를 이루었지만 2000~2005년 시기와 비교할 때 큰 변화가 없었다. 반면 단편 영화의 영향력은 현저히 줄어들었으며 범죄 영화가 점차 멜로 영화의 인기를 넘어섰으며 재난 영화와 코미디 영화도 영향력을 확보해가고 있었다.

3. 2011~2015년 중국 관객의 한국 영화에 대한 평점 분석

표 24 중국 영화관에서 상영된 한국 영화(2011~2015)

연도	영화 제목	상영 시기
2011	마당을 나온 암탉 〈鸡妈鸭仔〉	2011.09.30
2012	사랑이 무서워 〈爱情真可怕〉	2012.01.20
	만추 〈晚秋〉	2012.03.23
	홍길동의 후예 〈盗亦有盗〉	2012.04.13
	아테나: 전쟁의 여신 극장판 〈雅典娜: 无间谍局〉	2012.06.07
	연가시 〈铁线虫入侵〉	2012.12.06
2013	도둑들 〈夺宝联盟〉	2013.01.15
	이별 계약 〈分手合约〉	2013.04.12
	미스터고 〈大明猩〉	2013.07.18
2014	석곡란 〈石斛兰〉	2014.01.18. / 02.16 일부 극장
	설국열차 〈雪国列车〉	2014.03.17
	길위에서 〈我在路上最爱你〉	2014.03.28
	감시자들 〈绝密跟踪〉	2014.09.16
	원령 〈怨灵〉	2014.11.13
	나쁜 언니의 해혼 연맹 〈坏姐姐之拆婚联盟〉	2014.11.18
	명량 〈鸣梁海战〉	2014.12.12
2015	20세여, 다시 한번 〈重返二十岁〉	2015.01.08
	두근두근내인생 〈扑通扑通我的人生〉	2015.03.13
	암살 〈暗杀〉	2015.09.17
	나는 증인이다 〈我是证人〉	2015.10.30
	나쁜 놈은 반드시 죽는다 〈坏蛋必须死〉	2015.11.27

표 25 중국 중앙 TV에서 방영된 한국 영화(2011~2015)

연도	영화 제목	상영 시기
	영화는 영화다 〈电影就是电影〉	2011.04.23
2008	화이트 발렌타인 〈白色情人节〉	2012.05.19
1999	시 〈诗〉	2013.02.23
2010	만추 〈晚秋〉	2013.04.27
2010	도둑들 〈夺宝联盟〉	2014.09.06
2012	설국열차 〈雪国列车〉	2015.05.23
2013	엽기적인 그녀 〈我的野蛮女友〉	2015.08.29

위 표를 살펴본 바에 따르면 2011년부터 2015년까지 중국 텔레비전에서 방영된 한국 영화는 7편으로 이전 시기와 비교해 볼 때 확연히 줄었다. 그러나 영화관에서 방영된 한국 영화는 1년에 2편에서 4편 정도로 늘어나 2014년에는 7편 정도였다. 방송국에서의 방영이 줄어들고 영화관에서의 상영 수가 늘어난 것은 2010년 이후 한중 영화 교류가 강화되면서 한국 영화 감독들이 중국에 와서 영화를 공동 제작하고 리메이크 작품도 많이 생겨났기 때문이다. 예를 들면 〈두근두근 내 인생〉, 〈수상한 그녀〉, 〈블라인드〉 가 있으며 곽재용, 허진호, 안병기 등 유명 감독들도 중국 영화사와 계약을 체결했다.

둘째, 2010년 이후 중국 영화시장이 다시 활기를 찾기 시작하면서 영화관에서 영화를 관람하는 사람들이 많아졌고 한국 영화에 대한 관심이 커졌다.

셋째, 인터넷 보급과 뉴미디어의 출현으로 인해 온라인, 영화관, 휴대폰으로 영화를 보는 사람이 많아지면서 TV로 영화를 보는 사람이 줄어들게 되었다. 극장에서 상영한 한국 영화가 증가한 외에도 가장 큰 변화는 한중 합작 영화가 많아졌다는 점이다. 2013년부터 양국이 공동으로 제작한 영화가 중국 극장에서 상영되었다. 〈이별계약〉은 한국 영화 〈선물〉을 리메이크한 작품이고 〈미스터 고〉, 〈도둑들〉은 양국이 공동 제작한 영화였으며, 2015년에 영화관 개봉이 가능한 한국 영화 5편 중 4편이 한중 합작 영화였다.

표 26 베네치아, 베를린 영화제(2011~2015)

(단위: 명, %)

연도	영화 제목	평점	평론 인원수	호평 비율	유형
2011	사랑한다, 사랑하지 않는다 〈爱，不爱〉	6.6	17,236	43	사랑
2012	피에타 〈圣殇〉	7.8	55,201	66	
2013	혜원 〈惠媛〉				

2013년 칸 영화제에서 문병곤의 〈세이프〉 단편 영화가 황금종려상을 받은 것을 제외하면, 장편 영화 부문에는 수상작이 없어 베네치아와 베를린 영화제의 수상작을 조사했다. 베네치아, 베를린 영화제에서 모두 3편이 수상하게 되었으나 중국에서의 영향력이 크지 않았다. 〈혜원〉은 중국에서 관객 리뷰 정보도 없고 영화를 관람할 수 있는 사이트도 찾을 수 없었다. 중국 관객들에게 인정받는 김기덕 감독의 〈피에타〉도 평점 8.0 이하에 호평률 66%, 리뷰 인수도 5만 명에 불과했다. 앞선 두 시기에 비해 수상작이 적고 중국 관객에 대한 영향력도 크게 늘어나지 않았다.

2011년부터 2015년 사이 십만 명 이상의 리뷰 인수에 도달한 영화는 총 18편, 50만 명에 달한 영화가 5편이었다. 사실 2011년 〈도가니〉는 한 편당 80만 명 정도의 리뷰 인수가 있었고, 2003년 영화 〈살인의 추억〉이 보유한 50여만 명의 기록을 넘어섰다. 이 기간 총 리뷰 인수도 600만 명에 육박하며 중국 관객들이 한국 영화에 대한 관심도 높아졌던 시기였다.

평점 9.0 이상인 우수작이 4편이고 호평률이 90%인 영화도 10편이었다. 〈도가니〉는 평점 9.3점, 호평률 99%로 'Douban' 평점에서 1위를 차지하였고, 〈소원〉은 평점 9.3점, 호평률 98%로 2위를 차지하고 〈변호인〉은 평점 9.2점, 호평률 98%로 3위를 차지하였다.

표 27 한국의 연간 고수익 영화(2011~2015)

(단위: 명, %)

연도	영화 제목	평점	평론 인원수	호평 비율	유형
2011	써니 〈阳光姐妹淘〉	8.8	525,519	98	코미디
2011	도가니 〈熔炉〉	9.3	791,580	99	범죄
2011	그대를 사랑합니다 〈我爱你〉	9.1	139,451	98	사랑
2012	건축학 개론 〈建筑学概论〉	7.5	105,918	68	사랑
2012	늑대소년 〈狼少年〉	8.0	217,412	85	사랑/판타지
2012	도둑들 〈夺宝联盟〉	7.3	166,252	72	범죄
2013	소원 〈素媛〉	9.3	564,814	98	범죄
2013	감기 〈流感〉	7.7	324,721	85	재난
2013	신세계 〈新世界〉	8.9	314,279	98	범죄
2013	변호인 〈辩护人〉	9.2	510,061	98	/
2013	더 테러 라이브 〈恐怖直播〉	8.7	548,672	97	범죄
2013	은밀하게 위대하게 〈隐秘而伟大〉	7.9	216,051	89	코미디
2013	7번방의 선물 〈7号房的礼物〉	8.9	460,838	98	코미디
2013	설국열차 〈雪国列车〉	7.5	386,062	78	재난/판타지
2014	수상한 그녀 〈奇怪的她〉	8.3	169,744	92	코미디/판타지
2015	사도 〈思悼〉	8.4	103,212	88	역사
2015	암살 〈暗杀〉	8.0	192,085	91	범죄
2015	베테랑 〈老手〉	7.7	102,375	84	범죄

전반적으로 볼 때, 멜로 영화의 수준이 낮아지고 범죄 영화의 양이 많아지고 영화 수준도 높아졌다. 멜로 영화에 대한 중국 관객들의 관심이 현저히 떨어지면서 범죄 영화는 중국 영화 관객들의 관심도가 가장 높은 장르가 되었다. 〈그대를 사랑합니다〉, 〈건축학 개론〉, 〈늑대소년〉 등 10만 명 리뷰 인수에 달한 멜로 영화가 총 3편이었는데 범죄 영화 〈더 테러 라이브〉의 한 편의 리뷰 인수에도 미치지 못하고 코미디 영화 〈써니〉에 비해도 적었다. 한국 청룡, 백상, 대종 3대 영화제를 휩쓴 멜로 영화 〈건축학개론〉은 중국 관객에게 긍정적인 평가를 받지 못했고 호평률은 68%에 불과했고 리뷰 인수도 겨우 10만 명을 돌파하였다. 〈그대를 사랑합니다〉는 호평을 받았지만 리뷰 인수가 적어 전반적으로 세 편의 멜로 영화의 영향력은 크지 않았다. 반면 〈도가니〉, 〈소원〉, 〈변호인〉, 〈더 테러 라이브〉는 리뷰 인수가 50만 명 이상, 평균 평점 9.0 이상으로 중국에서 범죄 영화의 인기가 멜로를 압도한 것으로 나타났다. 이 밖에도 재난 영화, 코미디 영화, SF 영화가 지속적으로 중국 관객들의 관심을 받았으며 재난 영화 〈설국열차〉와 〈독감〉은 평균 리뷰 인수 30만 명이 넘었고 〈괴물〉보다 더 큰 영향력을 가지고 있었다. 코미디 영화 〈써니〉는 여자들 간의 따뜻한 우정을 그려내며 많은 관객들을 감동시켰고 중국 측은 〈써니〉의 리메이크권을 사들여 2021년 개봉을 앞두고 있었다. SF 영화도 중국 관객들에게 서서히 인정을 받고 있었다. SF 영화는 보통 개별 장르가 아닌 멜로, 코미디, 범죄, 재난 등 주제와 함께 등장하고 코미디 영화 〈수상한 그녀〉의 리메이크작 〈20세여, 다시 한번〉은 중국에서 청춘을 회상하는 후폭풍을 불러 일으켰다. 전반적으로 2011년부터 2015년까지 질적으로나, 양적으로나 한국 영화에 대한 중국 관객들의 수용도가 가장 높은 시기였다.

4. 2016~2020년 중국 관객의 한국 영화에 대한 평점 분석

표 28 중국 영화관에서 상영된 한국 영화(2016~2020)

연도	영화 제목	상영 시기
2014	명량 〈鸣梁海战〉	2016.04.02
2018	Black Panther 〈黑豹〉	2020.11.07

표 29 중국 TV에서 방영된 한국 영화(2016~2020)

연도	영화 제목	상영 시기
2016	메이메이 쇼핑몰의 기적 〈梦想合伙人〉	2016.04.29
	엽기적인 그녀 (중국판) 〈我的新野蛮女友〉	2016.05.05
	허니문 호텔 살해 사건 〈蜜月酒店杀人事件〉	2016.05.27
	그래서 블랙핑크와 결혼했어요 〈所以和黑粉结婚〉	2016.06.30
	바운티 헌터스 〈赏金猎人〉	2016.07.01
	경천대반전 〈惊天大逆转〉	2016.07.15
	여름에는 교목아망천국이 있다 〈夏有乔木雅望天堂〉	2016.08.05
	그 미치도록 작은 걸 사랑이라고 〈那件疯狂的小事叫爱情〉	2016.08.05
	외공방령38 〈外公芳龄三十八〉	2016.11.11
	슈퍼택배 〈超级快递〉	2016.12.02
2017~2020	없음	

위의 표에서 보여주는 바와 같이 2016년부터 2020년까지 중국 방송국에서 방영되는 한국 영화와 영화관에서 상영되는 한국 영화 수가 급감했다. 2016년과 2020년 단 2편만이 방영했을 뿐이고 영화관의 경우 2016년에 개봉된 이외 한번도 상영된 적이 없다. 그 이유를 살펴

보면 첫째, 한한령으로 한국 영화 작품과 연예인들이 대부분 중국 측에 의해 차단되고 중국 관영 방송이나 영화관에서 한국 영화를 방영할 수 없게 되었기 때문이다. 둘째, 한국 영화가 중국 진출에서 침체기를 맞이하게 된 것이다. 셋째, 중국 영화가 그사이 빠르게 성장하고, 호평과 흥행작이 쏟아지면서 자연스럽게 한국 영화에 대한 관심이 줄어든 것이다. 한한령의 영향을 가장 많이 받은 영화는 2017년 이후에 개봉된 한국 영화이며 이후 중국 관객들은 인터넷에서만 한국 영화를 볼 수 있었다. 그러나 2016년에는 한국 영화 10편이 상영되어 중국에서의 한국 영화 상영 기록을 깨기도 했다. 이는 2014년 이후 양국이 〈한중 영화 합작 협정〉을 체결하면서 한중 합작 영화가 상영 수량의 제한을 받지 않게 되었고 공동 제작에 들어간 영화가 2년 이후인 2016년에 개봉을 앞두고 있어 2016년에 위와 같은 성공을 거두게 되었다.

표 30 칸 영화제(2016~2020)

(단위: 명, %)

연도	영화 제목	평점	평론 인원수	호평 비율	유형
2016	아가씨 〈小姐〉	8.4	322,438	99	에로
2018	버닝 〈燃烧〉	8.0	301,378	88	범죄
2019	기생충 〈寄生虫〉	8.8	1157,562	98	코미디

2016년부터 2020년까지 칸 영화제에 한국 영화가 초청되면서 중국 관객들의 한국 영화에 대한 인식이 달라지기 시작하였다. 〈기생충〉이 아카데미상과 황금종려상을 수상한 후, 〈기생충〉에 대한 중국 관객 리뷰 인수가 115만 명에 도달하였고 봉준호 감독도 중국에서 유명세

를 타게 되었다. 〈버닝〉과 〈아가씨〉도 중국에서 인기가 많았고 두 영화 모두 긍정적인 평가를 받았을 뿐만 아니라 리뷰 인수도 30만 명을 넘었다. 세 영화 모두 평점 8.0 이상을 기록하며 한국의 국제 수상작에 대해 중국 관객들은 새로운 인식을 갖게 되었다.

표 31 한국의 연간 고수익 영화(2016~2020)

(단위: 명, %)

연도	영화 제목	평점	평론 인원수	호평 비율	유형
2016	부산행 〈釜山行〉	8.6	996,231	97	재난
2016	터널 〈隧道〉	7.9	176,276	70	
2016	곡성 〈哭声〉	7.3	111,581	90	공포
2016	아가씨 〈小姐〉	8.4	321,872	99	에로
2017	신과 함께: 죄와벌 〈与神同行: 罪与罚〉	7.8	207,684	79	판타지
2017	강철비 〈铁雨〉	8.2	106,667	94	공포
2018	신과 함께: 인과연 〈与神同行2: 因与缘〉	7.6	102,056	81	판타지
2018	공작 〈特工〉	8.6	144,431	92	
2018	곤지암 〈昆池岩〉	6.2	161,587	57	공포
2018	지금 만나러 갑니다 〈现在去见你〉	8.3	102,339	92	사랑/판타지
2019	극한직업 〈极限职业〉	7.8	150,403	82	범죄/코미디
2019	기생충 〈寄生虫〉	8.8	1156,586	98	코미디
2019	엑시트 〈极限逃生〉	7.5	142,012	76	재난/코미디
2019	82년 생김지영 〈82年生的金智英〉	8.6	326,870	92	
2019	악인전 〈恶人传〉	7.8	234,187	88	범죄
2020	남산의 부장들 〈南山的部长们〉	8.1	126,190	81	역사/공포
2020	부산행 2: 반도 〈釜山行 2: 半岛〉	5.1	108,374	20	재난/공포
2020	살아있다 〈活着〉	5.7	103,070	29	재난/공포

2016년부터 2020년까지 십만 명 이상의 리뷰 인수가 나온 영화는 모두 18편, 리뷰 인수가 100만 명 좌우인 영화는 〈기생충〉과 〈부산행〉이었다. 18편의 영화 총 리뷰 인수는 460만 명에 육박해 2010~2015년 시기의 600만 명보다 줄었지만, 한한령이 영향을 미쳤을 것이라고 보인다. 이 시기 평점 9.0을 기록한 영화는 없었으며 〈부산행〉과 〈기생충〉은 평점 8.6점과 평점 8.8점, 한국에서 흥행을 이룬 〈신과 함께 2〉와 〈극한직업〉도 평점 7.6점과 7.8점에 그쳤다. 〈부산행〉이 흥행하면서 〈부산행 2〉에 대한 기대가 컸지만, 흥행에 실패하게 되었다. 2010~2015년 시기와 비교할 때, 전체적으로 긍정적인 평가가 줄어든 양상을 볼 수 있다.

종합해보면, 이 시기 범죄 영화의 수준이 낮고 중국 관객들도 범죄 영화에게만 관심을 두지 않고 여러 장르의 한국 영화를 수용하고자 하였다. 범죄 영화의 경우, 범죄 코미디 영화 〈극한직업〉과 〈악인전〉만이 리뷰 인수가 10만 명을 넘었고 중국 관객들의 관심도가 현저하게 떨어진 것을 볼 수 있다. 그 이유는 범죄 영화에 대한 중국 관객들의 피로감이 형성되었기 때문인 것으로 보인다. 2000년대 초반 〈살인의 추억〉부터 〈추격자〉, 〈올드보이〉, 〈더 테러 라이브〉까지 중국 관객들은 범죄 장르의 영화를 많이 접하게 되었고 더 이상의 기대감도 없게 되었다. 영화 〈아가씨〉는 중국에서 큰 인기를 누렸는데, 이는 박찬욱 감독의 중국 내 영향력과 에로틱한 장르의 영화가 많이 없었기 때문이다. 2000년대 초 흥행작인 〈색즉시공〉이 인기가 있었던 이유도 파격적인 화면과 자유로운 성적인 주제에 대한 토론이 보수적인 중국 관객들의 호기심과 기대를 증폭시켰기 때문이다. 재난 영화의 경우 〈부산행〉이 엄청난 입소문, 충격적인 장면, 완벽한 스토리, 인간성에 대한 깊은 성찰로 거의 모든 중국 관객을 공략하며 중국 내 한국 재난 영화의 위상을 한 단계

높이게 되었다. SF영화의 경우 〈신과 함께〉 시리즈가 한국에서 흥행을 가져오고 비록 중국에서의 평점이 높거나 리뷰 인수가 많지는 않지만, 중국 관객들에게 일정 정도 인정받고 있었다. 코미디 영화 〈기생충〉은 한국 영화 사상 최고 관객을 동원하면서 칸 황금종려상과 아카데미 외국어 영화상을 수상하며 봉준호의 영향력도 더욱 더 확대되었다.

2016년부터 2020년까지 중국에 진출한 한국 영화는 상당한 수준의 작품성을 선보였고 한한령으로 정체된 부분이 있지만, 인터넷을 통해 한국 영화가 중국에 더 많이 알려지면서 중국 관객들도 여러 장르의 한국 영화를 받아들이기 시작했으며 그 수용 폭이 넓어졌다고 볼 수 있다.

5. 소결

2000년부터 2020년까지의 분석을 통해 본 한국 영화의 중국 진출 효과는 시기적으로 뚜렷한 특징을 나타냈다. 첫 번째 단계는 한국 영화가 중국에 급속하게 진출한 시기로 중국 관중들이 한국 영화를 빠르게 수용한 단계이기도 하였다. 2000년 이후 한국 영화가 처음으로 중국 시장에 진출하면서 중국 관객들은 소재가 새롭고 콘텐츠가 풍부한 한국 영화에 관심을 보였고 멜로드라마를 아무런 거부감이 없이 받아들였다. 탄환이론(Magic Bullet Theory)은 "전파된 메시지는 발사된 총알처럼 강력하고, 수용자들은 표적처럼 쓰러진다."고 주장하였다. 중국 관객에게 한국 영화의 등장은 마치 탄환처럼 느껴질 정도로 강력한 전파 효과를 지니고 있었다. 〈엽기적인 그녀〉의 등장으로 중국에서는 〈엽기적인 그녀〉의 후폭풍이 불었고, 〈색즉시공〉은 중국 80세대 남학생들의 필수 영화였고 〈살인의 추억〉은 관중들이 사회문제를 성찰하게 되는 계기를 마련하게 되었다. 두 번째 단계에서는 중국 관객들이 한국 영화에 느꼈던 신선함을 잃어가면서 한국 영화의 영향력이 낮아지고 한국 영화의 중국 진출 효과가 침체기에 진입하기 시작한 시기이다. 플랫폼의 다양화로 인해 관객들도 한국 영화에 대해 일정 정도 이성적인 접근을 하기 시작하였다. 매스컴이 일상생활에 영향을 미치기 시작했고 한국 영화의 진출을 어떻게 받아들일 것인가 하는 문제에서 관객들은 선택적 관심과 기억, 심지어는 주변 '오피니언 리더'들의 영향까지 받으면서 보다 자주적이고 냉철한 선택을 하려고 했다. 세 번째 단계는 한국과 중국이 영화 합작을 시작한 시기이자 중국 관객들이 한국 영화를 수용하는 절정기이다. 한중 합작 영화 〈만추〉를 시작으로 양국이 공동으로 제작한 영화가 중국 시장에 대거 진출하기 시작했다. 한국 영화에 대한 중국의 '지분'이 생기게 되면서 중국 언론에서도 홍보에 특히 주의를 기울였고 관객들도 한국 영화에 대해 새로운 인식을 하게 되었다. 한중 영화 협력은 역사적인 선택이었다. 중국은 한국의 성숙한 영화 제작 경험이 필요하였고 한국은 중국의 시장을 필요로 하였으며 이는 양국 영화 영역에서의 향후 추세가 될 것으로 전망된다. 네 번째 단계는 한중 영화 교류의 침체기로서 중국 관객들은 한국 영화를 재성찰할 수 있는 기회를 갖게 되었다. 정치 문제가 예술 영역에까지 파급되고, 영화시장이 통제되고 있는 상황에서 표면적으로는 한한령이 한중 영화 협력이 중단된 직접적인 요인이지만, 심층적으로는 양국 영화 협력이 절정에 다다른 후의 냉철한 사고로도 인식할 수 있다.

7장

결론

2000년부터 2020년까지는 한국 영화가 중국에 진출하여 급속한 발전을 이룩한 시기이다. 2000년대 초, 한국 영화는 '한류'의 포맷으로 중국 영화시장을 급습하였다. 당시는 영화뿐만이 아니라 드라마, 예능 프로그램, 한국 스타 모두 중국 연예계에 영향을 미치던 시기였다. 2005년 이후, 한중 양국의 영화는 기술과 자본 영역에서의 협력이 시작되었고, '중국 영화+한국 특수효과기술'의 협력 모델은 아시아에서 열풍을 일으켰고 '한류' 수출의 새로운 성장 포인트가 되었다. 2010년 전후로는 한국 감독들이 중국에 대거 진출하였다. 곽재용과 허진호는 중국의 쭝보우영화사와 계약을 체결하고, 안병기는 중국에서 스튜디오를 설립했으며, 이재한, 안병기, 조진규, 임대웅은 현재 중국에서 활발한 활동을 하고 있는 한국 감독들이다. 2012년 '한중 수교 20주년'에 제작한 영화 〈만추〉를 시작으로 한중 양국 공동 제작 영화나 리메이크 영화가 중국에서 개봉되면서 양국의 영화 교류는 진정한 황금기를 맞이하였다. 2017년 이후 한한령의 영향을 받았지만, 한중 양국의 영화 교류는 멈추지 않았고 '지상'에서 '지하'로 옮겨갔을 뿐이다. 또한, 미디어의 발전과 변화로 인해 중국 관중들은 인터넷과 휴대폰을 통해 한국 영화를 관람하고 후기를 작성하기 때문에 한국 영화의 지속적인 영향력은 사실상 한한령으로 인하여 감소하지 않았다. 결론적으로 지난 20년간 한중 영화 교류는 '충돌과 협력'의 장이라고 할 수 있다.

2000년부터 2020년까지 한국 영화가 중국에 진출한 전반적인 과정을 시기적으로 구분하고 각 시기의 특성을 분석하는 것은 어려운 문제일 수밖에 없다. 현재까지 한국과 중국 학계에서는 이에 대해 명확한 구분을 한 학자는 없으며 그 이유는 학계에서 이 주제가 중요하지 않다고 여기거나 구분에 어려움이 있기 때문이다. 엄밀한 의미에서 지난 20년간의 한중 영화 교류에 대하여 시기적으로 구분을 하는 것은 그 어떤 방법을 사용하더라도 결함이나 부족한 점이 있기 마련이다. 그럼에도 불구하고 연구자는 한국 영화의 중국 진출 과정을 세 개의 시기 즉 초창기, 합작기, 침체기로 나누고자 한다. 그 이유는 2005년은 한중 양국이 기술과 자금 협력을 진행한 시기이기 때문이고, 2016년은 한한령이 발령된 시점이기 때문이다. 이에 근거해 한국 영화가 홍콩에 진출되고 다시 홍콩으로부터 중국 대륙에 급속하게 진출한 2000~2004년을 한국 영화의 중국 진출의 초창기로 보았다. 이 시기 한국 영화가 중국에 급속하게 진출하였고 영화의 보급량이 많지는 않았지만, 중국 관객은 신속하게 한국 영화를 수용하면서 일부 중국 관객들은 맹목적으로 한국 영화와 연예인을 숭배하기 시작하였다. 2000~2004년을 시작점으로 한 이유는 이 시기에 중국 관객에게 영향을 미친 두 편의 영화가 개봉되었기 때문이다. 그 영화는 바로 대표적인 멜로 영화 〈엽기적인 그녀〉와 범죄 영화 〈살인의 추억〉이다. 이 두 편의 영화로 인해 한국 영화는 중국 관객에게 수용되었고 2004년 이후에는 중국 관객들이 한국 영화를 보다 이성적으로 받아들이기 시작하면서 한국 영화에 대한 맹목적인 숭배 열풍도 사라지기 시작하였다. 그러므로 2000~2004년을 첫 번째 시기로 설정하였다.

두 번째 시기는 합작기로서 한국 영화가 급격하게 중국에 진출한 2005~2016년의 기간이다. 이 시기의 특징은 한중 양국 영화의 협력이 시작되었고 한국 영화의 보급량이 많아지고 퀄리티도 높아졌지만, 중국 내 한국 영화의 수용이 느려지기 시작하고, 한국 영화에 대한 중국 관객의 열정도 어느 정도 감소되었다. 2005년부터 양국은 "중국 영화 + 한국 특수 효과 기술"이라는 초보적인 합작 모델로 협력하였고 퀄리티와 가격 우세로 한국의 특수 효과 기술은 중국 영화시장을 점령하기 시작했다. 그러나 엄밀한 의미에서 2011년 이전에는 양국 영화 협력은 성숙한 협력 모델로 이루어지지 못했고 한국 영화가 중국 영화의 후반 작업에 참여한 것이라고 보아야 할 것이다. 2012년 이후, 한중 공동 제작 영화와 리메이크 영화가 대량으로 중국 영화관에서 개봉되고, 한국 감독들이 중국에 대거 진출하기 시작하였다. 또한, 중국에서 개봉한 한국 영화는 매년 6~7편에 달하면서 양국 영화 교류도 진일보 강화되었다.

세 번째 시기는 침체기인 2017~2020년으로 이 시기는 중국에 공식적으로 진출한 한국 영화가 현저히 줄어들고, 비공식적인 채널을 통해 전파되는 영화가 지속적으로 증가하였다. 한한령 이후 중국 정부는 한국 영화에 대해 일정 정도만 제한하였기에 한국 영화는 여전히 인터넷 또는 불법 채널을 통해 중국에 진출하고 있었다. 그러므로 한한령으로 인해 중국 관객들이 한국 영화에 대해 주목하지 않은 것은 아니었다.

그 외 한국 영화의 중국 진출의 주체, 내용, 방법, 수용자, 방해 요인 등 다섯 가지 측면으로 분석하였고 전파 부분에 대한 논증은 일정 정도 창의성이 있다고 보여진다. 진출 주체에서는 한국 감독에 입각하여 분석하였다. 한국에서 인기가 가장 높거나 업적이 가장 많은 감독보다는 중국과의 교류가 많거나 중국 관객에게 영향력이 큰 감독들을 선정하였다. 예를 들어 최초로 중국에 진출한 곽재용과 허진호 감독, 중국 영화관에서 가장 많은 영화를 개봉한 안병기 감독, 중국에서 가장 큰 영향을 지닌 봉준호 감독 등이다. 이들 한국 감독들에 대해서는 중국 내에서의 교류 발전 과정과 감독 스타일을 중점적으로 분석하였다. 진출 내용 역시 한국 현지 영화보다는 한중 리메이크 영화에 입각하여 한국과 중국의 버전을 비교 분석하여 한중 리메이크 영화의 장단점을 도출하였다. 진출 채널에 있어 한국 영화가 중국에 진출하는 불법 채널을 정리, 분석한 결과, '불법 동영상 사이트' 채널 유포가 실질적으로 한국 영화가 중국에서 진출하는 주요 채널이 될 수 있다는 잠정적인 결론을 도출하였다. 수용자 효과에 있어서는 중국에서 가장 권위 있는 영화 리뷰 사이트 'Douban 영화'를 데이터베이스로 사용하여 지난 20년간 한국 영화에 대한 중국 관객들의 수용도와 선호하는 한국 영화 장르를 살펴보았다.

2000년부터 2020년까지 한국 영화가 중국에 진출한 20년은 효과적으로 보급된 시기라고 할 수 있다. 2000년대 초반 한국 영화는 주로 홍콩에 진출하였고 중국 대륙에는 진출하지 못했지만, 로맨스와 범죄 영화는 중국 관객들에게 큰 영향을 미쳤다. 2005년 이후 한국과 중국은 긴밀하게 협력하기 시작하였고 한국 감독들도 중국 시장에 진출하였다. 한국 영화가 중국에 지속적으로 진출하고 한중 수교 20주년의 우호적인 정책으로 인해 중국에서의 한국 영화 진출이 첫 전성기(2012~2016)를 맞이하게 되었으며 중국 공식 채널을 통해 다수의 리메이크 및 공동 제작 영화가 방영되었다. 한한령 이후, 중국의 일방적인 정책으로 인해 한국 영화의 중국 진출이 크게 영향을 받았지만, 여전히 한국과 중국은 여러 채널을 통해 교류를 유지하고 있었다. 커뮤니케이션의 시각과 효과에서 볼 때, 중국에서의 한국 영화 진출은 2012년 이후 큰 영향력을 일으켰고 공동 합작 영화, 리메이크 작품이 대량으로 제작되었지만 리메이크판과 합작 영화의 퀄리티와 평가 모두 한국 원작 영화에 미치지 못하였다.

앞으로의 전망

첫째, '한한령'이 해제할 것이라는 기대가 크다. 2021년 '한중 문화 교류의 해'를 맞아 중앙 방송 총국과 한국 KBS는 온라인으로 문화 산업의 다양한 방면에서 협력하기로 하는 협정을 체결하였다. 양사는 평등 호혜와 우호 협상의 원칙에 따라 협력 메커니즘을 수립하고 방송 프로그램 즉 콘텐츠, 미디어 기술, 산업 경영 등 다양한 방면에서 전면적인 협력을 전개하며, 양국 간 인문 교류를 촉진하고 우의와 신뢰를 증진하며 한중 간 전략적 협력 동반자 관계를 새로운 단계로 발전시키기로 했다고 중국 《CCTV 뉴스》가 2021년 2월 22일에 보도하였다. 협약이 체결된 후 한한령으로 인해 상영되지 못했던 〈아이묘성인〉이 3월 14일에 개봉하기로 확정하면서 한한령 완화에 기대를 더하게 되었다.

둘째, 한중 영화 협력의 '두 번째 전성기'를 전망해 볼 수 있다. 한중 영화 협력의 '첫 전성기'는 2012년에 시작되어 2016년에 끝났다. 이 기간 동안 다수의 한국 감독들이 중국에 진출했고, 많은 한국 영화가 중국에서 상영되면서 중국 관객들도 한국 영화를 주목했다. 그럼에도 불구하고 한국 영화의 중국 전파에 문제가 없었던 것은 아니다. 우선 한국 영화가 중국에서 큰 흥행을 이루지 못했다. 영화 〈20세여, 다시 한번〉이 리메이크 영화로서는 중국에서 최고 흥행을 거두어 박스오피스 3억 6000만 위안에 달했지만, 선텅(沈腾)이나 다펑(大鹏)이 출현한 다수의 영화들이 박스오피스 10억 위안을 달성한 것과 비교해 볼 때 흥행은 저조한 편이었다. 영화 〈설국열차〉는 중국에서 개봉된 한국 원작 영화 중 가장 높은 박스오피스 기록을 달성했지만 7569만 위안에 불과하였다. 그러므로 한국 영화는 중국에서의 발전 가능성을 확보해 나가야 한다고 생각한다. 다음으로, 한중 공동 제작과 리메이크 영화에 대한 평판이 좋지 않았다. 가장 큰 이유는 한국 감독들이 중국 시장에 진출한 기간이 짧아 중국 영화 시스템과 중국의 역사, 문화에 익숙하지 않기 때문이고 중국 감독들도 한국 영화를 리메이크할 때, 영화 대본이나 역사적 배경을 잘 알지 못하기 때문이다. 그러나 한중 영화 협력 과정에서의 이러한 문제는 해결이 가능하다고 할 수 있다. 마지막으로, 중국 관객들의 한국 영화에 대한 인식이 부족하고 언어 장벽 또한 존재하기 때문이다. 중국에서 한국 영화는 대중성을 이루지 못하고 중국 관객들도 한국어에 익숙지 않았으며 투자자들이 신중한 태도를 보이게 되면서 영화 홍보도 원만하지 못하였다. 그러므로 한국 영화의 중국 진출은 아직 부족한 점이 있다고 할 수 있다. 따라서 향후 이러한 요인들을 극복해가면서 한국 영화의 중국 진출이 '두 번째' 전성기를 맞이할 것으로 전망된다. 현재 한국 영화가 직면한 가장 직접적인 문제는 중국의 영화 수준이 제고되어 한국 영화의 중국 시장이 널리 확보되지 못하고 있는 점이다. 2019년 중국 영화 박스오피스는 600억 위안에 달했고, 수준 높은 중국 영화들도 나오기 시작했다. 예를 들어, 2014년 영화 〈백일 화염〉은 제64회 베를린 국제영화제에서 황금곰상을 수상했으며, 2021년 코미디 영화 〈안녕, 리환잉〉도 코로나 팬데믹 상황에서 박스오피스 50억 위안을 기록했다. 이제 중국 영화도 중국 관객들에게 그 작품성을 인정받게 된 것이었다. 그러나 최근 몇 년 동안 중국 시장의 지속적인 확장과 함께 한국 영화의 수준도 지속적으로 향상되어 세계 최고 수준의 지위에 올랐고 중국 영화와 함께 한국 영화가 중국 영화시장을 확보할 것으로 전망된다.

참고문헌

단행본

1. (美)斯蒂芬 · 李特約翰,『人類傳播理論史』, 安斌譯, 北京:清華大學出版社, 2004.

2. (加)文森特 · 莫斯可,『傳播政治經濟學史』, 胡正榮等譯, 北京:華夏出版社, 2000.

3. (美)麗貝卡魯賓, 艾倫魯賓,『琳達皮爾.傳播研究方法: 策略與資料來源』, 黃曉蘭等譯, 北京: 華夏出版社, 2000.

4. (美)梅爾文 · 德弗勒, 埃弗雷特 · 丹尼斯,『大眾傳播通論.顏建軍等譯』, 北京: 華夏出版社, 1989.

5. 수지수(秀之树), 서빈(徐斌), 진비(陈飞) 등,『한국 영화 매뉴얼』, 현대출판사, 2000.

6. 양로(杨璐) 등 편집,『한국 영화 완전 매뉴얼1』, 천진인민출판사, 2003.

7. 張狂,『韓國情愛電影』, 中國畫報出版社, 2005.

8. 李建利,『韓國崛起之謎』, 解放軍文藝出版社, 1998.

9. 이건리(李建利),『한국 굴기의 수수께끼』, 해방군문예출판사, 1998.

10. [한] 김해종 저 김선희 역,『중한관계사론』, 중국사회과학출판사, 1997.

11. 한국철학회 편저, 한진건(韩振乾) 역,『한국철학사 하권』, 사회과학문헌출판사, 1996.

12. (美)斯坦利 · D · 威廉斯.何姍姍譯,『故事的道德前提』, 北京: 北京聯合出版社, 2013.

13. (美)約瑟夫 · 坎貝爾.張承謨譯,『千面英雄』, 上海: 上海文藝出版社, 2000.

14. (美)約翰 · 費斯克著.李彬譯,『關鍵概念: 傳播與文化研究詞典』, 北京: 新華出版社, 2004.

15. (韓)金鐘元, 鄭重憲著, 田英淑譯,『韓國電影100年』, 北京: 中國電影出版社,

2013.

16. (韓)朱真淑' 郭漢周等著, 金虎譯, 『韓國電影: 歷史 · 反抗與民主的想像』, 北京: 中國電影出版社, 2013.

17. (韓)韓國電影振興委員會編, 周健蔚 · 徐鳶譯, 『韓國電影史: 從開化期到開花期』, 上海: 上海譯文出版社, 2010.

18. 路易斯 · 賈內梯, 焦雄屏譯, 『認識電影』, 北京: 世界圖書出版公司, 2012.

19. 詹姆斯 · 季南, 張曉淩譯, 『好萊塢電影類型: 歷史 · 經典與敘事(上)』, 上海: 復旦大學出版社, 2012.

20. 趙要翰, 黃紅輝譯, 『韓國人的美』, 濟南: 山東人民出版社, 2008.

21. 托馬斯 · 沙茲.李亞梅譯, 『好萊塢類型電影』, 臺北: 遠流出版事業股份有限公司, 1999.

22. 陳祖繼, 『於寧.21世紀廣播影視一體化系列教程:影視編劇教程』, 北京: 中國傳媒大學出版社, 2013.

23. 大衛 · 波德維爾,克裏斯汀 · 湯普森.曾偉禎譯, 『電影藝術: 形式與風格』, 北京: 北京聯合出版公司, 2015.

24. 董慶文, 趙樹旺, 栗文達譯, 『傳播學研究方法: 討論與評價』, 南京: 南京, 大學出版社 , 2015.

25. 高金萍, 『西方電視傳播理論評析』, 北京: 中國傳播大學出版社, 2008.

26. 郭慶光, 『傳播學教程』, 北京: 中國人民大學出版社, 1999.

27. 黃元文, 『中國影視發展大戰略』, 長春: 長春出版社, 2011.

28. 孔昌建, 『我的新電影手冊』, 桂林: 廣西師範大學出版社, 2004.

29. 李啟軍, 『理論穿行: 從文藝審美到影視文化』, 桂林: 廣西師範大學出版社, 2012.

30. 张凤铸, 『全球化与中国影视的命运』, 北京广播学院出版社, 2002.

31. 关世杰, 『跨文化交流学』, 北京大学出版社, 1995.

32. 郭镇之, 『跨文化交流与研究』, 北京广播学院出版社, 2004.

33. 郭镇之, 『全球化与文化间的传播』, 北京广播学院出版社, 2004.

34. 刘京林, 『大众传播心理学』, 北京广播学院出版社, 1997.

35. 万冰, 『韩剧导视』, 广西师范大学出版社, 2006.

36. (美)霍华德 · 苏伯, 周舟译, 『电影的力量』, 北京:中国人民大学出版社, 2008.

37. (韩)韩国电影振兴委员会编著, 周健蔚, 徐鸢译,『韩国电影史: 从开化期到开花期』, 上海: 上海译文出版社, 2010.

38. (韩)李孝仁,『追寻快乐:战后韩国电影与社会生活』, 上海: 上海人民出版社, 2008.

39. (韩)金惠媛,『中韩文化谈』, 北京: 北京大学出版社, 2013.

40. (韩)姜锡一, 赵五星编著,『韩国文化产业』, 北京: 外语教学与研究出版社, 2009.

41. (韩)琴章泰, 韩梅译,『韩国儒学思想史』, 北京: 中国社会科学出版社, 2011.

42. 罗卡, (澳)法兰宾,『香港电影跨文化观』, 北京: 北京大学出版社, 2012.

43. 程文,『耦合與嬗變: 21世紀合拍片的繁榮與華語電影新形態』, 北京: 中國傳媒大學出版社, 2013.

44. 張燕,『譚政, 鏡像之鑒韓中電影敘事和受眾比較研究』, 北京: 中央翻譯出版社, 2008.

45. 菲利普 · 科特勒,『营销管理』, 中国人民大学出版社, 2010.

46. 丹尼斯 · 麦奎尔,『麦奎尔大众传播理论』, 清华大学出版社, 2010.

47. 约翰 · C · 雷纳德,『传播研究方法导论』, 北京:中国人民大学出版社, 2008.

48. (美)保罗 · 莱文森,何道宽译,『手机: 挡不住的诱惑』, 北京: 中国人民大学出版社, 2004.

49. 匡文波,『手机媒体概况』, 北京: 中国人民出版社, 2006.

50. (美)大卫 · 克罗图,威廉 · 霍伊尼斯,『媒介社会:产业 · 形象与受众』, 北京: 北京大学出版社, 2009.

51. 于雪锋,『网络侵权法律应用指南』, 北京: 法律出版社, 2010.

52. 復旦大學韓國研究中心,『韓國研究論叢第八輯』, 中國社會科學出版社, 2002.

53. 復旦大學韓國研究中心,『韓國研究論叢第九輯』, 中國社會科學出版, 2002.

54. 復旦大學韓國研究中心,『韓國研究論叢第十輯』, 中國社會科學出版社, 2002.

학술논문

1. 陳篤忱,「韓國電影初探」,『電影藝術』, 1994(2).

2. 倪震,「世紀之交的韓國電影」,『電影藝術』, 2000(4).

3. 張熔和,「年代韓國電影概述」,『電影藝術』, 2000(4).

4. 陳詠,「我看到的韓國電影」,『電影評介』, 2000(5).

5. 楊經建,「"韓風""韓潮"迷煞人: 九十年代韓國電影概覽」,『電影評介』, 2000(6).
6. 範小青,「韓國懸疑犯罪片的歷史與現代語境研究」,『當代電影』, 2019(8).
7. 劉傑, 李迅等,「捉迷藏」,『當代電影』, 2016.
8. 宮春潔,「從窺視走向浸入: 數字技術對電影觀眾審美經驗的改變」,『文藝爭鳴』, 2017.
9. 浦晗,「淺論當下傳統戲曲改編的難題」,『哈爾濱學院學報』, 2013.
10. 牛鳳燕,「媒介融合視域下中華優秀傳統文化傳播的現代轉換」,『理論學刊』, 2018.
11. 韓振峰,「習近平關於中國傳統文化的方法論思想」,『團結報』, 2014(11).
12. 刘迅, 岳莹,「"融媒时代"中国电影的生存环境」,『当代传播』, 2010(05).
13. 白靖利, 卢和萍,「微电影广告的营销」,『新闻爱好者』, 2012(10).

찾아보기

ㄱ

공동제작 43

곽재용 120

국가광전총국 47, 54

금지 54

ㄴ

다운로드 81

데이터베이스 161

디지털 영화 68

ㄹ

로맨스 영화 30

리메이크 영화 89

리메이크판 20

리뷰 136

리뷰 인수 140, 145

ㅁ

매출액 140

무료 시청 88

문화산업 31

문화적 문제 94

민족 심리 109

ㅂ

박스오피스 53

범죄 행위 106

봉준호 130

불법 동영상 61, 85

불법복제 37

불법 사이트 87

불법 플랫폼 86

빅데이터 84

ㅅ

사드 사건 54

삭제 55

상영 46

상영 영화 66

쇼트 클립 78

수용도 151

수출 27

스릴러 영화 125

스크린 수 70
스토리 102
심사제도 108
3D 상영관 69

ㅇ

안병기 122
SNS 78, 79
엔터테인먼트 사업 42
엽기 34
영상 사이트 79, 85
영상 스타일 100
영화 교류 158
영화 산업 14
영화제 30
예술성 21
온라인 81
온라인 네티즌 41
온라인 플랫폼 78
유교 문화 109
융합 51
인지도 144
인터넷 소설 37
인터넷 텔레비전 77

ㅈ

저작권 47
전파 14
절정기 157
중국 6
중국 관객 152
중국 관중 39
중국 사회주의 가치관 93
중국 영화 5, 15
중국 영화시장 148
중국판 106
중국합작 18
지식 저작권 88
진출 6, 13

ㅊ

창의 51
침체기 157

ㅋ

K-문화 5
K-pop 31
코미디 영화 110
코미디 효과 111
콘텐츠 23

ㅌ

탄환이론 156

ㅍ

팬클럽 52
평점 138
풍자 코미디 112
플랫폼 26

ㅎ

한국 6

한국 감독 114

한국 드라마 29

한국 영화 전시회 49

한국판 106

한류 13, 31

한류 스타 32, 53

한(恨) 문화 109

한한령 54

할리우드 영화 53

합작 시기 44

항일전쟁 49

허진호 127

호평 53

호평률 136

홍콩영화 29

황금기 27, 46

흥행 부진 59